古典文獻研究輯刊

十九編

潘美月・杜潔祥 主編

第18冊

先秦思想與出土文獻研究

竹田健二　著

國家圖書館出版品預行編目資料

先秦思想與出土文獻研究／竹田健二　著 -- 初版 -- 新北市：花
木蘭文化出版社，2014〔民103〕

序 4+ 目 2+156 面；19×26 公分

（古典文獻研究輯刊 十九編；第 18 冊）

ISBN 978-986-322-878-3（精裝）

1.先秦哲學　2.文獻學

011.08　　　　　　　　　　　　　　　　　　103013722

ISBN-978-986-322-878-3

9 789863 228783

古典文獻研究輯刊
十九編　第十八冊　　　　　　　　ISBN：978-986-322-878-3

先秦思想與出土文獻研究

作　　者	竹田健二	
主　　編	潘美月　杜潔祥	
總 編 輯	杜潔祥	
副總編輯	楊嘉樂	
編　　輯	許郁翎	
企劃出版	北京大學文化資源研究中心	
出　　版	花木蘭文化出版社	
社　　長	高小娟	
聯絡地址	235 新北市中和區中安街七二號十三樓	
	電話：02-2923-1455／傳眞：02-2923-1452	
網　　址	http://www.huamulan.tw 信箱 hml 810518@gmail.com	
印　　刷	普羅文化出版廣告事業	
初　　版	2014 年 9 月	
定　　價	十九編 18 冊（精裝）新台幣 32,000 元	

先秦思想與出土文獻研究

竹田健二　著

作者簡介

竹田健二，1962 年生。日本島根大學教育學部畢業，日本大阪大學文學碩士，現任日本島根大學教育學部教授。研究專長領域：中國哲學、諸子學、戰國楚簡，以及懷德堂。著書有《市民大學の誕生──大坂學問所懷德堂の再興》（大阪：大阪大學出版社，2010 年）、《懷德堂アーカイブ　懷德堂の歷史を讀む》（與湯淺邦弘共同編著，大阪：大阪大學出版会，2005 年），另可見對於出土文獻研究之共著及相關學術論文三十餘篇。

提　　要

　　本書為彙整竹田健二在出土文獻研究方面的論考。主要研究內容置於出土文獻，討論至戰國時代之思想，同時考察出土文獻本身特色，另提出竹簡形制問題而對其解釋。

　　第一篇部分為〈氣思想的研究〉。第一章：關於兵家〈孫氏之道〉之檢討，第二章：對於上博楚簡之道家系統文獻《恆先》，以該氣思想加以考察，第三章：重新檢討中國古代氣思想及其有關研究，又確認氣之原義，探討與氣思想之關係。第二篇則為〈郭店楚簡和上博楚簡的研究〉，茲是於 1990 年代以後公開的郭店楚簡及上博楚簡相關論考。第四章：將《性自命出》與《性情論》之形式對比，確認其文本不同，第五章：透過《性自命出》與《性情論》，探索於戰國時期之性說特徵，以及其對別家性說之相關性，第六章：言及戰國時代身體障礙者之福利思維，第七章：論至《慎子曰恭儉》之文獻學上性質。第三篇稱為〈出土竹簡的形制及契口以及劃線的研究〉，第八章：切入於《曹沫之陳》中的竹簡綴合及契口，提供其問題之處，第九章：以上博楚簡《采風曲目》之竹簡契口為中心，顯出其形制不同之可能性，第十章：研究於清華簡《楚居》竹簡背面劃線及編聯進行之狀況，最後第十一章：透過北大簡《老子》之劃線排列，進行考證其對復原竹簡排列之重要性。

　　筆者於本書編整關於出土文獻之各種論考，雖無全體結語，而以此擬指示對出土文獻研究之各種焦點，亦希望提供對茲研究進展稍微貢獻。

序

本書爲彙整筆者在出土文獻研究方面的研究成果。

筆者在島根大學教育學部學習時，受淺野裕一先生（現東北大學名譽教授）之指導，研究中國古代思想史。於 1984 年島根大學畢業後，進入大阪大學大學院文學研究科，在加地伸行先生（現大阪大學名譽教授）之指導下，開始進行有關中國古代氣思想的研究，完成了修士論文。

筆者最初發表出土文獻研究成果，是對銀雀山漢簡《孫臏兵法》中兵家的氣進行的研究。自 1998 年文物出版社出版了《郭店楚墓竹簡》後，筆者亦開始研究郭店楚簡。同時 1998 年 10 月加入「郭店楚簡研研究会」。該研究會是爲研究郭店楚簡所成立的共同研究組織。創始成員共有 5 人，研究會代表爲淺野裕一先生、湯淺邦弘先生（現大阪大學教授）、福田哲之先生（現島根大學教授）、菅本大二先生（現梅花女子大學教授）以及筆者。

2001 年，研究會更名爲「戰國楚簡研究會」，後又改爲「中國出土文獻研究會」，成員亦有所變動，然而研究會的活動仍不斷地持續進行。筆者對於郭店楚簡研究、上博楚簡研究、清華簡研究、北大簡研究等，基本上均於研究會內部發表，其後聽取各成員的意見而投稿於各種刊物。

本書第一部分是筆者對中國古代氣思想的有關研究加以論考。第二部分爲自 90 年代以後所公開的郭店楚簡、上博楚簡、清華簡、北大簡的相關研究。第三部分探討有關出土竹簡的形制、契口，及於竹簡上的劃線問題。論次如下。

序

目次

第一篇
氣思想的研究

第一章　關於兵家的氣思想
——以「孫氏之道」爲中心

序　言

　　春秋戰國時期兵家所說的氣，大體可分爲望氣的氣與士氣的氣等兩個系統。雖同爲「氣」，但其性質迥異。即，望氣的氣，例如馬王堆漢墓出土的《天文氣象雜占》中，基本上爲「雲氣」，是可視的、可以說是具有某種物質性的「氣」。對此，如十三篇《孫子》中「朝氣銳，晝氣惰，暮氣歸。」（軍爭篇）所說的士氣的氣，則屬於不可視的、精神性的「氣」。

　　那麼這兩個系統的「氣」，究竟各有何種性質，是如何成立的？〔註1〕從這個問題入手，本研究將闡明春秋戰國時期氣的思想史發展的一端，對十三篇《孫子》與《孫臏兵法》的氣爲中心加以探討，來考察兵家的氣思想。

第一節　十三篇《孫子》與《孫臏兵法》中的氣

　　在本節中，爲找到闡明兵家氣思想的突破口，首先探討十三篇《孫子》與《孫臏兵法》中的氣爲何物。

　　十三篇《孫子》中論述氣的部分如下所示。〔註2〕

〔註1〕　關於這兩個系統的氣，已有細川一敏氏「兵家・黃老思想における氣の役割」
　　　　（小野沢精一・福永光司・山井湧編《氣の思想》，東京大学出版会，一九七
　　　　八年）進行過論述，但對於兩者的關係並未特別言及。
〔註2〕　十三篇《孫子》的引用，基本上引自《銀雀山漢墓竹簡〔壹〕》（文物出版社，

（一）是故軍政曰，言不相聞，故爲鼓金。視不相見，故爲旌旗。
是故晝戰多旌旗，夜戰多鼓金。鼓金旌旗者，所以壹民之耳
目也。民既已專壹，則勇者不得獨進，怯者不得獨退。此用
眾之法也。故三軍可奪氣，將軍可奪心。是故朝氣銳，晝氣
惰，暮氣歸。善用兵者，避其銳氣，擊其惰歸，此治氣者也。
以治待亂，以靜待譁，此治心者也。以近待遠，以佚待勞，
以飽待飢，此治力者也。毋要正正之旗，毋擊堂堂之陳，此
治變者也。（軍爭篇）

（二）凡爲客之道，深入則專，主人不克。掠於饒野，三軍足食。
謹養而勿勞，并氣積力，運兵計謀，爲不可測，投之毋所往，
死且不北。死焉不得，士人盡力。兵士甚陷則不懼。無所往
則固。深入則拘。無所往則鬪。是故不調而戒，不求而得，
不約而親，不令而信。禁祥去疑，至死無所之。吾士無餘財，
非惡貨也。無餘死，非惡壽也。令發之日，士坐者涕霑襟，
臥者涕交頤。投之無所往者，諸劌之勇也。（九地篇）

從結論而言，十三篇《孫子》的氣，包含人的一部分精神活動，大體上
是指集團士氣、戰鬪慾望。這種士氣與戰鬪慾望的氣，在戰鬪之際會產生具
體的戰鬪行動，十三篇《孫子》的兵學中認爲，敵軍與我軍各自的體團士氣
是左右戰鬪結果的重要原因之一。

即如資料一中「三軍可奪氣」所示，該氣被看作「奪」這樣一個主動的
作用對象。也即，有別直接與敵軍進行的戰鬪行爲，有意使敵軍全體的士氣
低落，換言之即利用心理戰可以爲己方創造有利條件。在此，對於欲在戰鬪
中取勝的將軍，主張要奪敵軍之「氣」，如此便會爲己方創造有利條件，而不
可被敵軍「奪氣」使自己陷入不利狀況。

資料一認爲，氣在一日之內並無常態，「朝氣銳，晝氣惰，暮氣歸。」，
基本上隨時間的變化走向衰退。因此「治氣」的將軍，需「避其銳氣，擊其
惰歸」，即選擇敵軍士氣衰退時期進行戰鬪。

在資料二中，將軍的重要任務，是使己方士兵「謹養而勿勞，并氣積力」

一九八五年）的竹簡本。另外，還參考了淺野裕一氏《孫子》（講談社，一九
八六年），該書以銀雀山漢墓出土的竹簡本爲底本，並參考了宋本十一家注本
及《太平御覽》等類書的引用加以校訂，折衷了竹簡本與既存版本。

並深入敵國領地陷入「無所往」的狀況，如此才會進行拼死戰鬥。此處的氣，是指己軍的集團士氣，所謂「幷氣」，則意味著提高己方軍隊士氣。

如上，十三篇《孫子》中的氣均指集團的士氣。另外，「奪氣」及「幷氣」意味著將軍有意地、積極操縱敵軍及己方士氣，而資料一中的「治氣」，則指應敵軍的士氣狀況選擇進行戰鬥的時機，嚴密地說，氣本身無法直接操縱。該場合的氣，並非操縱對象，可以說只不過是觀察的對象而已。

這與十三篇《孫子》中氣的觀點本來並不矛盾。當然是只有在觀察氣的狀態後才可對氣進行運作。畢竟在資料一資料二中的氣，均具有隨時間逐步衰退的性質。即如在資料一中所述，氣在一日中由「銳」至「惰」，又衰變爲「歸」，經過夜間的休息，翌日清晨重生「銳」氣。但如作戰行動延長夜間得不到必要的休息，氣的重生不力，氣的全體水準就會降低。因此如資料二中，對於率己軍深入敵國的將軍來說，爲使己方軍隊的士氣不至於低落需要「幷氣」。資料一、二中對氣的觀點，整體上可以認爲是具有一致性的。

另外，十三篇《孫子》中需要注意的一點是，敵軍的士氣狀況在一日中隨朝、晝、暮的時間而變化，對其進行把握上並不特殊而比較單純。詳情如後所述，所論述的並非士氣系統的氣，而是望氣系統的氣的兵家，敵軍之氣是伴有形狀及色彩等物理性質，而且只有擁有特殊技術者才可對其進行觀測。本來，十三篇《孫子》中氣的觀測，在一日中並非僅限於常隨時間進行，但在氣本身的狀態及對其把握的方式上，兩者的立場迥異。

以上，在十三篇《孫子》中，論述了不論己軍敵軍氣均指集團的士氣，既爲觀察對象也是直接操縱的對象。在此十三篇《孫子》的基礎上，再來看《孫臏兵法》的氣。〔註3〕

《孫臏兵法》中，具有在竹簡中上記其篇名「延氣」一篇，在該篇中有關氣的觀點如下所示：

> （三）孫子曰：合軍聚眾，【務在激氣】。復徙合軍，務在治兵利氣。
> 　　　臨境近敵，務在屬氣。戰日有期，務在斷氣。今日將戰，務
> 　　　在延氣。……
>
> （四）……以威三軍之士，所以激氣也。將軍令……其令，所以
> 　　　利氣也。將軍乃……短衣潔裘，以勸士志，所以屬氣也。
> 　　　將軍令，令軍人人爲三日糧，國人家爲……望，國使毋往，

〔註3〕　《孫臏兵法》的引用，引自前註《銀雀山漢墓竹簡〔壹〕》。

> 軍使毋往,所以斷氣也。將軍召衛人者而告之曰,飲食毋
> ……【所】以延氣……也。

（五）……營也。以易營之眾而貴武敵,必敗。氣不利則拙,拙則
不及,不及則失利,失利……

（六）……氣不屬則懾,懾則眾□,眾……

（七）……氣不斷則通,通則不專易散,臨難易散必敗……

資料三為延氣篇的開頭部分,在此展開本篇的主要觀點。即論述了為使戰鬥取得勝利,將軍的任務便是從部隊的編制開始,到部隊的移動、接近敵國、根據敵軍的接近來確定交戰日期、和敵軍的交戰等,必須操縱能夠對應各種情況的氣。資料四則是顯示了操作這些氣的手段。另外,資料五、六、七論述了有必要操作各種氣的理由。

操作士氣的手段的內容及其理由,因竹簡的殘缺不明之處甚多。但資料六、七中可見,如果將軍不「屬氣」、「斷氣」,兵士們就會「懾」,或「不專易散」,結果就會「臨難」時必敗。

如上所述,延氣篇中所說的氣,左右兵士們在戰場上的行動與其精神狀態密切相關,是決定戰鬥結果的一個重要原因,也是指揮者將軍操作的對象。這裡的氣的意思,還是指在將軍指揮下的部隊集體的士氣。而且,隨作戰的進行將軍有必要進行「利氣」或「屬氣」的操作,因為氣基本上是隨時間推移而衰退的。因此,延氣篇中的氣與前述十三篇《孫子》的氣之間,基本上不存在差異,兩文獻中關於氣的想法,可認為是基本上相同。

這與十三篇《孫子》及《孫臏兵法》延氣篇,均設定為入侵敵國領內在敵地進行決戰的戰爭形態有關。此類戰爭的形態,在徵來的兵士戰爭慾望極低,無法期待他們能夠自發地、積極地作戰的前提下是有必要的。可以認為,正是因為兩文獻的兵學均以這樣的戰爭形態為前提,所以所論述的氣的觀點也具有強烈的共同性。

眾所周知,一九七二年從銀雀山漢墓出土的文獻中,含有相當於十三篇《孫子》的資料,以及傳播孫臏兵學的《孫臏兵法》。通過對該出土文獻的研究,判明了十三篇《孫子》為傳播孫武兵學的文獻。〔註4〕而且,因為《孫臏兵法》中,還含有一部總結孫武的兵法與孫臏兵法的稱為〈孫氏之道〉的資料,所以可明確得知,戰國時期存在過繼承兩系統文獻、兵學的學派孫氏學

〔註4〕參看前註淺野氏《孫子》。

派。〔註5〕

因此，十三篇《孫子》以及《孫臏兵法》延氣篇中可見的同一的有關氣的觀點，作爲構成〈孫氏之道〉的一個要素，可總結爲〈孫氏之道〉的氣思想來進行理解。當然，十三篇《孫子》，是經孫臏以及其後學之手成立，所以其氣思想是否均由孫臏自創還無法立刻斷定。但可以認爲是由孫武親手搭建了其骨架部分，然後再由孫武的後學、孫臏、孫臏的後學，以及孫氏學派繼承下來。

在如此繼承的過程中，該〈孫氏之道〉的氣思想，又取得了若干的發展。十三篇《孫子》中僅論述爲將軍操縱己軍之氣的「并氣」，在《孫臏兵法》延氣篇中，對應軍事行動的各個階段詳細分化後，進行了更爲詳細的解說。關於操縱己軍之氣的觀點變得更爲複雜，而且將其總結爲延氣篇這樣一個篇章，孫氏學派強烈意識到了將軍操縱己軍之氣的重要性並使其實現了進一步的發展。

另外，《孫臏兵法》在延氣篇以外論述氣的部分，僅以下所舉的擒龐涓篇一例。

（八）將軍忌子召孫子問曰：「吾攻平陵不得而亡齊城、高唐，當術而蹶。事將何爲。」孫子曰：「請遣輕車西馳梁郊，以怒其氣。分卒而從之，示之寡。」

資料八中的「以怒其氣」，是指齊軍以快速的輕戰車部隊侵入魏都大梁近郊，來激怒魏將軍龐涓。因此此處的氣，是指龐涓個人的精神狀態。

該擒龐涓篇的氣，發於人的情感之一「怒」，不僅龐涓，凡具有感情者均具備，並且會導致該人做出某種行動。涉及個人的情感進而導致個人行動，換言之意味著與精神狀態密切相關的氣，正可以看作是構成集團性質氣的要素。本來個人與集團還存在不同，但十三篇《孫子》及《孫臏兵法》延氣篇中所見的集團性質的氣，是綜合了產生該部隊成員個人的感情的根源所在。

詳情如後所述，在《左傳》中，「好惡喜怒哀樂」的情感均發於氣，有情感者皆有氣。加之，「怒有戰鬥」，氣與怒的感情與戰鬥行爲有直接關係。擒龐涓篇中龐涓的「怒氣」成爲其戰爭行動的起因，說明了不僅是《孫臏兵法》，

〔註5〕……□明之吳越，言之於齊。曰知孫氏之道者，必合於天地。孫氏者……（陳忌問壘篇）

〈孫氏之道〉的氣思想也與《左傳》的氣思想有著緊密的關係。〔註6〕

　　另外，如前所述在十三篇《孫子》中，將軍必須順應敵軍士氣採取行動，「避其銳氣，擊其惰歸」。但是，延氣篇中不見有觀察敵軍之氣的主張，而所論述的氣均為己軍之氣。不過從擒龐涓篇的氣可知，敵軍之氣還是觀察的對象，而且還被看成為某種操縱的對象。從《孫臏兵法》全體來考慮，完全可能存在有應該對敵軍集團的士氣進行觀察，並採取相應的軍事行動的觀點。雖然當前這樣的觀點尚無法在《孫臏兵法》中得到確認，僅為一種推測，但這也與包含《孫臏兵法》的銀雀山竹簡的保存狀態極差，殘缺極為嚴重有關。

　　以上在本節中，對十三篇《孫子》以及《孫臏兵法》的氣進行了探討。其結果，兩文獻的氣的觀點基本相同，這也可理解為〈孫氏之道〉的氣思想。

　　如此〈孫氏之道〉的氣思想，在戰國時期的兵家中占何種地位？對此將在下節中進行考察。

第二節　〈孫氏之道〉的氣思想的地位

　　本節中，將〈孫氏之道〉的氣思想與其他兵家的文獻中所見之氣進行比較，考察其在兵家思想中的位置。

　　比較對象，首先舉出《吳子》與《尉繚子》，來看其中所說的氣。

　　在《吳子》中，論述了與〈孫氏之道〉的氣思想幾乎完全相同的氣。〔註7〕

　　（九）故強國之君，必料其民。民有膽勇氣力者，聚為一卒。樂以
　　　　　進戰，效力以顯其忠勇者，聚為一卒。能踰高超遠、輕足善
　　　　　走者、聚為一卒。王臣失位而欲見功於上者，聚為一卒。棄
　　　　　城去守，欲除其醜者，聚為一卒。此五者，軍之練銳也。有
　　　　　此三千人，內出可以決圍，外入可以屠城矣。」（圖國篇）

　　（一〇）楚性弱，其地廣，其政騷，其民疲，故整而不久。擊此之道，
　　　　　襲亂其屯，先奪其氣，輕進速退，弊而勞之，勿與戰爭，其
　　　　　軍可敗。（料敵篇）

　　（一一）吳子曰：「凡兵有四機。一曰氣機，二曰地機，三曰事機，四
　　　　　曰力機。三軍之眾，百萬之師，張設輕重，在於一人，是謂

〔註6〕十三篇《孫子》中，也存在「殺敵者怒」（作戰篇），將憤怒的感情直接與戰鬥行為向結合的想法。

〔註7〕《吳子》的引用，引自四部叢刊本。

氣機。路狹道險，名山大塞，十夫所守，千夫不過，是謂地機。善行間諜，輕兵往來，分散其眾，使其君臣相怨，上下相咎，是謂事機。車堅管轄，船利櫓楫，士習戰陳，馬閑馳逐，是謂力機。知此四者，乃可爲將。然其威、德、仁、勇，必足以率下安眾，怖敵決疑。施令而下不犯，所在寇不敢敵。得之國強，去之國亡。是謂良將。」（論將篇）

（一二）武侯召吳起而謂曰：「子前日之教行矣。」起對曰：「臣聞人有短長，氣有盛衰。君試發無功者五萬人。臣請率以當之。脫其不勝，取笑於諸侯，失權於天下矣。今使一死賊伏於曠野，千人追之，莫不梟視狼顧。何者？忌其暴起而害己。是以一人投命，足懼千夫。今臣以五萬之眾，而爲一死賊，率以討之，固難敵矣。」（勵士篇）

資料一〇，爲吳子對武侯講述楚國軍隊的特色及其對策的部分。此處的氣，也是集團的士氣。需要注目的是，「先奪其氣」的作戰，與前章中探討過的十三篇《孫子》軍爭篇的「三軍可奪氣」的主張重合一點。

而且在資料十一中，將軍必須熟知的其一便是，「三軍之眾，百萬之師，張設輕重，在於一人」，即論述了無論何種大軍其行動也是有一名將軍的指揮命令來決定的「氣機」。之所以將其定義爲「氣機」，是因爲能否發適當的命令全取決於將軍的氣的狀態，即精神狀態相關。因此此處的氣，與《孫臏兵法》擒龐涓篇中所見到的，指龐涓個人精神狀態的氣相同。

如此，《吳子》中所說的氣，多指基本上與〈孫氏之道〉的氣同爲體團士氣，或構成集團士氣的個人精神狀態。但是，在《吳子》中，還論述了未見於〈孫氏之道〉中的氣。

在資料九中，作爲「軍之練銳」的優秀戰士的個人素質之一，舉出具有「膽勇氣力」者，但「膽勇氣力」雖爲戰鬥慾望、士氣，卻並非集團一般的氣。僅爲一部分優秀的戰士所有，尤其是作爲了優秀的個人素質。論述如此特別的個人素質的氣一點，才是《吳子》的氣的特色。

畢竟在《吳子》中，在獲得軍事勝利之際多有憑借「虎賁之士」及「選銳」等極爲優越的士兵的個人素質之處。所論述的氣也並非集團一般的士氣，重視個人素質與論述作爲個人素質的氣接合起來。

不過，如此個人素質的氣，與〈孫氏之道〉的氣也並無大的不同。此點

從資料十二中，如人具有短處長處一般，氣也有「盛衰」的論述上也可了解到。即《吳子》所說的個人的勇氣，與「朝氣銳，晝氣惰，暮氣歸」反覆變化的〈孫氏之道〉的氣，其基本性質相通。

在資料九中，「王臣失位而欲見功於上者」及「棄城去守，欲除其醜者」作爲擔任「軍之練銳」一翼者受到期待，在資料十二中謀求將「無功者」作爲戰士進行活用。這樣就意味著，由爲了挽救名譽洗脫污名等個人的特殊原因具有強烈的戰鬥慾望者編成部隊，運用該部隊並根據各個士兵們的「盛衰」之氣的狀態來用兵。《吳子》的這種想法，是要求將軍在正確把握己方軍隊氣的情況，並巧妙地進行操作。此點可以說也與〈孫氏之道〉的氣思想具有共通的一面。

以上，探討了《吳子》中的氣。結果《吳子》中的氣，基本上與〈孫氏之道〉的氣相同。《吳子》在論述作爲集團性的士氣同時，還論述了於〈孫氏之道〉的氣中未見的僅優秀的士兵擁有的個人素質的氣，但這與〈孫氏之道〉的氣思想也並無大的出入。

下面，來探討《尉繚子》中的氣。〔註8〕

（一三）量吾境內之民，無伍莫能正矣。經制十萬之眾，而王必能使之衣吾衣，食吾食。戰不勝，守不固者，非吾民之罪，內自致也。天下諸國助我戰，猶良驥騄耳之馳，彼鴑馬鬐興角逐。何能紹吾氣哉。（制談篇）

（一四）凡兵有以道勝，有以威勝，有以力勝。講武料敵，使敵之氣失而師散，雖形全而不爲之用，此道勝也。審法制，明賞罰，便器用，使民有必戰之心，此威勝也。破軍殺將，乘闉發機，潰眾奪地，成功乃返，此力勝也。王侯知此所以三勝者，畢矣。（戰威篇）

（一五）夫將卒所以戰者，民也。民之所以戰者，氣也。氣實則鬥，氣奪則走。（戰威篇）

（一六）因險者無戰心，合戰無勝兵，挑戰無全氣。（攻權篇）

（一七）凡守者，進不郭圍，退不亭障，以禦戰，非善者也。豪傑雄俊，堅甲利兵，勁弩韌矢，盡於郭中。乃收窖廩，毀折而入

〔註8〕《尉繚子》的引用，基本上引自武經七書本。但有相當於銀雀山漢墓出土的銀雀山本的部分時，引自前註《銀雀山漢墓竹簡〔壹〕》。

　　此，令客氣數什百倍，而主人氣不半焉。敵攻者傷守甚者也。

然而世將弗能知。（守權篇）

（一八）威在於不變。惠在於因時。機在於應事。戰在於治氣。（十二
陵篇）

（一九）凡奪者無氣，恐者不可守，敗者無人，兵無道也。（戰權篇）

（二〇）日暮路遠，還有挫氣。師老將貪，爭掠易敗。（兵教下）

（二一）眾夜擊者，驚也。眾避事者，離也。待人之救，期戰而蹙，
皆心失而傷氣也。傷氣敗軍，曲謀敗國。（兵教下）

　　以上所示的《尉繚子》的氣，基本上也與〈孫氏之道〉的氣同樣，是指集團性的士氣。

　　在資料十三中，將在他國的援軍的支援下繼續戰鬥表現爲「紹氣」，資料十四中「使敵之氣失而師散」是爲了「以道勝」的必須條件。資料十五中作爲「民之所以戰者」，作爲「實則鬪」的氣，以及資料十六中對於指旺盛的戰鬥慾望的「全氣」等，各自進行了論述。資料十七中，對攻城戰之際進攻方與防禦方各自具有的「客氣」與「主人氣」進行了論述，資料二十一中，舉出了「敗軍」的要因爲「傷氣」等。這樣的氣，均爲士兵們集團性的士氣無他。

　　而且在資料十八中，作爲將軍的任務，謀求其「治氣」。對於將軍謀求如何將己軍的士氣保持旺盛的狀況一點，與十三篇《孫子》以及《孫臏兵法》無任何不同。而且「氣奪則走」（資料十五），「凡奪者無氣」（資料十九），戰鬥之際氣可能會被敵人奪走一點，也與論說「三軍可奪氣」的十三篇《孫子》的想法相同。加之，資料二十中對「日暮路遠，還」的狀況中存在的「挫氣」進行了論述，在十三篇《孫子》的氣中，也爲「朝氣銳，晝氣惰，暮氣歸」。從此來看，「挫氣」該是「暮氣」的一種。

　　如此，《尉繚子》的氣，均與十三篇《孫子》及《孫臏兵法》中的氣相同，可以認爲，《尉繚子》與〈孫氏之道〉的氣思想具有相同的觀點。

　　不過，將氣明確定義爲「民之所以戰者」的想法，在〈孫氏之道〉的氣思想中並未予以承認。但如前所述，《左傳》中可見有將氣與憤怒的感情與戰鬥行爲之間直接聯繫起來的想法。因此，將氣作爲「民之所以戰」，並非一定是《尉繚子》所獨有的。

　　以上，對《吳子》與《尉繚子》中所說的氣進行了探討。結果《吳子》

與《尉繚子》中所說的氣，基本上均指集團的士氣，與〈孫氏之道〉的氣相同。因此，十三篇《孫子》、《孫臏兵法》、《吳子》、《尉繚子》中關於氣的觀點，可總結爲士氣系統的氣，而〈孫氏之道〉的氣思想則可看作是其中的典型。

但是，戰國時期的兵家所說的氣，也並非均爲士氣系統的氣。也有完全不同的氣，即望氣的氣也常被提及。以下就將論述望氣的氣的資料總結如下。

〔註9〕

（二二）凡攻城圍邑，城之氣色如死灰，城可屠。城之氣出而北，城可克。城之氣出而西，城可降。城之氣出而南，城不可拔。城之氣出而東，城不可攻。城之氣出復入，城主逃北。城之氣出而覆我軍之上，軍必病。城之氣出，高而無所止，用兵長久。（《六韜》龍韜、兵徵）

（二三）天文三人：主司星曆，候風氣，推時日，考符驗，校災異，知天心去就機。（同、龍韜、王翼）

（二四）太公曰：「聽其鼓無音，鐸無聲，望其壘上多飛鳥而不驚。上無氛氣，必知敵詐而爲偶人也。（同、虎韜、壘虛）

（二五）凡望氣，有大將氣，有小將氣，有往氣，有來氣，有敗氣。能得明此者，可知成敗吉凶。（《墨子·迎敵祠篇》）

（二六）雲如牛，十個，入人野，五日亡地。（《天文氣象雜占》）

（二七）青雲如弓，攻城人勝。（同）

（二八）月六暈到九暈，天下有亡邦。（同）

資料二十二至二十四引用自《六韜》。資料二十二中，攻城戰之際通過觀測在城邑上空出現的氣的色彩以及其方向，即可以預知戰鬥的結果。資料二十四中也同樣，通過對敵人的鼓鐸的音響的觀測以及含有「氛氣」的壘上狀況的觀測，可以察覺無法直接確認的敵軍的存否。資料二十三中，通過「候風氣」等氣的觀測來「司星曆」、「推時日」，顯示了是司「天文」的職務。

資料二十五爲《墨子》中言及「望氣」的部分，在此經常進行望氣可以預知戰鬥的「成敗吉凶」。

〔註9〕 以下，《六韜》引用自武經七書本，《墨子》引用自《墨子間詁》，《天文氣象雜占》引用自山田慶兒編《新發現中國科學史資料の研究　訳注篇》（京都大學人文學研究所，一九八五年）。

　　資料二十六到二十八，爲馬王堆漢墓出土的《天文氣象雜占》的引用。《天文氣象雜占》中，與雲、氣、暈、虹、星、彗星等的圖同時，還附有各自的名稱及占文。坂出祥伸氏認爲，「望氣術是與占風、占星同在春秋戰國時期急速發達，在王宮的觀象台（靈台）上觀測雲氣的同時，出動軍隊時，也需精於天文者三人隨行，在最前線觀測敵我雙方的軍上之氣」，《天文氣象雜占》之類是「在這種場合需隨身攜帶的一種指南手冊」。〔註10〕

　　從以上資料明確可知，兵家思想中的望氣，基本上是通過觀察氣來預知將要發生的戰鬥結果，或察覺無法直接確認的敵軍的狀況爲目的的。作爲如此望氣的對象的氣，具備色彩形態，明顯可視，可以說具有某種物質性。〈孫氏之道〉等的士氣系統的氣是指人的精神活動，而望氣的氣，雖同爲「氣」，卻性質迥異。

　　在此特別需要注目的一點是，〈孫氏之道〉及《吳子》、《尉繚子》中僅論述了士氣系統的氣，望氣的氣絲毫未被提及。換言之，在某個兵學中，是在兩個系統的氣之間選擇一個進行論述的。〔註11〕

　　這是因爲，論述士氣系統的氣的兵學與論述望氣系統的氣的兵學，其基本立場不同，嚴格對立的結果。即望氣本來就不是將軍事放在人事範圍內考慮的。從進行望氣者專限於常司天文者可以看出，望氣是基於天人相關思想的行爲，「時而發，推刑德，隨斗擊，因五勝，假鬼神而爲助者也」（《漢書》藝文志），是構成分類到兵陰陽的兵學的要素之一。〔註12〕

　　如此兵陰陽流派的兵學在戰國時期廣爲流行，對此〈孫氏之道〉及《尉繚子》、《吳子》的兵學，「先知者，不可取于鬼神。不可象于事。不可驗于度。必取于人知者也。」（十三篇《孫子》用間篇），「天官時日不如人事」（《尉繚子》）等，對兵陰陽流派進行了激烈批判。即〈孫氏之道〉等兵學，否定天人相關，始終站在通過人事來獲得軍事勝利的立場。〔註13〕因此可以認爲，論

〔註10〕參看坂出祥伸氏《中国古代の占法　技術と呪術の周辺》（研文出版，一九九一年）「4　望気術のさまざま」。

〔註11〕《六韜》中例外混在有兩個系統的氣。這種現象與現存的《六韜》的成立問題有關。參看淺野裕一氏《黄老道の成立と展開》第3部第2章「『六韜』の兵學思想」（創文社，一九九二年）。

〔註12〕關於此點，從《漢書》藝文志中分類到兵陰陽的書物中記有《別成子望軍氣》（六篇，圖三卷）也可得知。該書內容既失，但從書名來看似與望氣有關。

〔註13〕參看前註淺野氏「『六韜』の兵学思想」。

述基於如此人事的兵學者並未論述過望氣的氣。

　　以上在本節中，考察了在兵家思想中〈孫氏之道〉的氣思想所占的地位。其結果可以認為，兵家所說的氣，可分為士氣系統的氣與望氣系統的氣，〈孫氏之道〉的氣思想是論述士氣之氣的兵學上的一個典型，而在兩個系統中選擇哪個系統，則是取決於其兵學是站在天人相關思想的立場，還是站在否定天人相關思想的立場的。

　　在下節中，將對兵家的這兩個系統的氣各自是如何成立的一點進行探討。

第三節　兩個系統的氣的成立

　　兵家的兩個系統的氣，即士氣系統的氣與望氣系統的氣，其各自是如何成立的？

　　從結論而言，這兩個系統的氣，是從《國語》周語以及《左傳》中的氣的思想各自發展成立起來的。首先就《國語》、《左傳》的氣思想，來確認其概略。〔註14〕

　　在《國語》中則集中到周語中對氣進行論述，其中可見到認為氣流通於人體內部與外部，構成世界一切事象的觀點。根據這個觀點，本來在世界上，無論天地自然還是人的身體內部，氣均以保持某種秩序的狀態存在。氣的秩序於天地自然間，由陰陽之氣或水土之氣構成，於人體內部，則由人將「味」與「聲」攝取到身體內部後在身體內部發生氣，而氣以「在口為言，在目為明」的形式存在。如此氣的秩序，如人行不正則亂，其結果，於天地自然間則發生地震等異常的自然現象，於人體內部，則發生「狂悖之言」「眩惑之明」等。因此，人必須基於禮來攝取食物聽音樂等，努力保持氣的秩序。

　　在此，通過攝取「味」及「聲」發生後，從口與耳作為「言」與「明」發向外界的身體內部的氣，與成為地震原因的「天地之氣」，因其存在場所不同在大體上是可以區別的，但兩者均具有只有通過調和的音樂才能保持其秩

〔註14〕以下，參看拙稿「『国語』周語における気」（大阪大學文學部中國哲學研究室「中國研究集刊」荒号，一九八九年）、「気の思想の成立――『国語』における気を中心に――」（「新潟大學教育學部紀要」第三二卷第二号，一九九一年）、「『左伝』における気の思想――『国語』における気の思想との比較を中心に――」（新潟大學東アジア學會「東アジア――歴史と文化――」第二号，一九九三年）。

序的共同點，結果可認爲兩者相同。即氣被變換「声」、「味」或「言」、「明」的形式形態發生變化，通過如此變換可以在人體內部與外部自由流通。通過這樣的流通，氣構成了世界上的所有物象。

《國語》周語的氣思想，如「聲」及「樂」與氣的秩序結合，以及史官基於天體觀測與「土氣」觀測來預知立春日可知，特別與史官及樂官的活動密接相關。

淺野裕一氏認爲，《尙書》及《國語》周語、晉語中，出現了人格神的天的上天、上帝作爲絕對的支配者支配人間世界，其意志通過日月星辰的運行示意人間社會的天道觀，該天道觀，是通過史官觀察日月星辰的運行來規定曆法，援用史書來教誨天子，另外從天道的推移來讀取上天、上帝的意志，進行預言等活動發生而來的思想。而且，史官與瞽官雖具有不同專業領域，但具有奉天道教誨天子的共同點，所以共有這樣的天道觀。〔註15〕

《國語》周語的氣思想基本上是基於天人相關，「天地之氣」的秩序紊亂結果周王朝滅亡，天明顯將周定位於「棄」。也即因爲人擾亂氣的秩序而發生了異常現象，結果使人到損害，這是因爲主宰世界的上天、上帝對行不端的人進行了懲罰。氣則是天人相關的媒介。從此，周語的氣思想，包含史官及瞽官來保持、傳承的天道觀，並成爲構成其的要素之一。

《左傳》中，也可看到與《國語》周語的氣思想幾乎觀點相同。即以「陰、陽、風、雨、晦、明」爲構成要素的天的「六氣」變爲「五味」、「五色」、「五聲」，人將「五味」等攝入體內。如果攝入過度，則人的氣的秩序會發生紊亂，結果上與過度攝取的氣相應的「六疾」，也即發生六種病而「失其性」。如此在《左傳》中，氣通過「聲」、「味」等形式在人的身體內外流通、在其流通的過程中形成世界上所有事象。

如上，《國語》周語的氣思想與《左傳》的氣思想，氣在人體的內外流通，構成世界上所有事象一點，其基本框架相同。而另一方面，兩者間也有各種相異點。

例如，《國語》周語中關於天地自然間氣的秩序的說明，全體並未統一，尙存在有不一致點。對此，《左傳》的天地自然間的氣，總結爲「陰、陽、風、雨、晦、明」等「六氣」，而且其流通過程的說明較周語更具一致性。另外，

〔註15〕關於此天道觀，參看淺野氏前註『黃老道の成立と展開』第1部第12章「瞽史の官と古代天道思想」。

周語中氣與言語及視覺結合在一起，但與「心」等人的精神作用並未直接關連起來。但在《左傳》中，「民有好惡喜怒哀樂。生於六氣」等，認爲氣生出人的感情，是與人的精神作用直接結合在一起的。

私見以爲，這樣的相異點正顯示了《左傳》的氣思想要新於周語的氣思想，《左傳》的氣思想，是以《國語》周語的氣思想爲基礎，並取得發展後成立的。〔註16〕

以上，對《國語》以及《左傳》的氣思想進行了考察。在此氣思想的基礎上，以下將對兵家中兩個系統的氣的成立加以考察。

首先是關於望氣系統的氣，望氣的氣與《國語》周語中所說的天地自然間的氣相同，存在於外界，是觀察的對象。因此兩者明顯具有緊密的關係。有關此點，淺野裕一氏已作如下論述。〔註17〕

> 「大師執同律以聽軍聲，而詔吉凶。」（《周禮》春官・大師）等，
> 如「大師出，則大史主抱式，以知天時處吉凶。」（《周禮》春官・
> 大史・鄭眾注），從天事到勝敗均進行預測的觀點，發於周王室附屬
> 瞽史之官的淵源。其後，此種思考漸次離開瞽史的占有，至戰國時
> 期，包括卜筮、天官、時日、陰陽、五行、向背、雲氣觀望、吹律
> 聽聲等、構築了陰陽流兵學的體系。

即軍事行動之際觀測外界存在的氣，占卜勝敗的《六韜》及《天文氣象雜占》等，本來是周史官及瞽官的想法。

如前所述，周史官出於職責，從天道的推移來看出上天、上帝的意志並進行預言。如以下資料所示，在進行預言之際，一面觀測日月星辰的運行，一面觀測氣的狀態。這正是因爲氣本爲天人相關的媒介。

（二九）古者，太史順時覯土。陽癉憤盈，土氣震發，農祥晨正，日
　　　　月底于天廟，土乃脉發。（《國語》周語上）

當然，此處氣的觀測，是爲預知立春日，於軍事無直接關係。但是，周的史官的職責不僅是制定曆法，如《周禮》所示，也含有在戰場上「知天時處吉凶」。即史官們對包括軍事在內的國家的重要事項廣泛進行預測，估計在進行預測時，氣的觀測一定必不可少。

〔註16〕意味著人的精神活動的氣的用例，周語中未見，帶有集團性的指部隊的戰鬥
　　　　慾望的氣僅在晉語有一例。該晉語的用例，在《國語》中也是較新的想法。
〔註17〕參看淺野氏前註「『六韜』の兵学思想」。

不過這樣的基於天人相關思想的氣的觀測，逐步變爲不僅限於史官來進行。如淺野裕一氏所指出的，「從天事預測勝敗的想法」，「逐步離開了瞽史的占有」。從以下《左傳》的記述中也可看到此點。

（三〇）五年，春，王正月，辛亥朔，日南至。公既視朔，遂登觀臺以望而書，禮也。凡分至啓閉，必書雲物，爲備故也。（僖公五年）

（三一）二十年，春，王二月，已丑，日南至。梓愼望氛曰，今茲宋有亂。國幾亡。三年而後弭。蔡有大喪。（昭公二十年）

如此《左傳》中見到的氣的觀測，均未廣泛對國家重要事項進行占卜，基本上是由周的史官進行氣的觀測，與望氣相同。但是在資料三十一中，進行望氣預知諸國情勢的是魯大夫梓愼，可知周史官們的望氣，無論周王室內外廣泛向知識階層傳播，並被接收下來。

在戰亂不斷的春秋戰國時期爲背景推進的望氣的傳播與接收的過程中，可能產生了望氣的目的以主要限於軍事領域的方向性。從看出上天、上帝的意志的周史官的望氣中，抽出有關軍事的部分，作爲預知戰鬥勝敗爲主的純軍事技術進行發展，並作爲兵陰陽流派的一個要素重新構成，形成了兵家中的望氣系統。〔註18〕本來，周史官的望氣與兵陰陽流派的望氣，在觀測外界的氣進行預知一點上基本相同。兵陰陽流派的望氣的氣，在《國語》周語以及《左傳》的氣中，也可看作爲由直接觀察對象的天地自然的氣發展而來。

那麼，〈孫氏之道〉等士氣的氣的系統，是如何成立的？以下就對此點進行考察。

士氣的氣的系統，意味著戰鬥慾望的人的精神活動，但如前所述，在《國語》、《左傳》的氣思想中，人身體內部攝取的「五聲」及「五味」而爲氣，並且人體內部攝取的氣，與其精神活動密切關連。特別在《左傳》中所說的氣，是與支撐戰鬥行動的鬥爭心理密切結合在一起的。這樣的氣，產生出了人具體的行動。此點可在以下資料中得到確認。

（三二）公與之乘，戰于長勺。公將鼓之。劌曰：「未可。」齊人三鼓。劌曰：「可矣。」齊師敗績。公將馳之。劌曰：「未可。」下視其轍，登軾而望之。曰：「可矣。」遂逐齊師。既克，公問

〔註18〕坂出氏在前註「望気術のさまざま」中指出，曾由史官進行的占風及占星並行的望氣「春秋戰國時期，特別是戰國的兵亂及城邑的攻略，或在饑饉或疫病相繼發生中取得急速發展起來」，其結果主要被用作軍事目的。

其故。對曰：「夫戰勇氣也。一鼓作氣，再而衰，三而竭。彼
竭我盈。故克之。夫大國難測也。懼有伏焉。吾視其轍亂，
望其旗靡。故逐之。」（莊公十年）

（三三）三軍以利用也。金鼓以聲氣也。利而用之。阻隘可也。聲盛
致志，鼓儳可也。（僖公二十二年）

（三四）晏子謂桓子：「必致諸公。讓德之主也。謂懿德。凡有血氣，
皆有爭心。故利不可強。（昭公十年）

資料三十二中，決定戰鬥勝敗的要因，論述了一「鼓」時「作」，二「鼓」
時「衰」、三「鼓」而「竭」處的「勇氣」。此處的氣，是聽到「鼓」聲後奮
起的將士們的戰鬥慾望，即集團的士氣。資料三十三中，金鼓的「聲氣」鼓
舞了將士們集團的士氣。資料三十四中，凡有「血氣」者皆有同他者爭鬥的
「爭心」，氣成立於人的鬥爭心。

《左傳》中的氣，明顯與兵家的士氣系統的氣相同。因此，〈孫氏之道〉
等士氣系統的氣，明顯是以《國語》周語及《左傳》的氣思想爲基礎的。當
然，《國語》及《左傳》的氣思想中，前述的望氣系統的氣的起源天地自然間
的氣也包含在內。但是，士氣系統的氣，並非存在於外界，而是存在於人身
體內部，於其精神活動相關，是產生行動的起源的氣，尤其是繼承了意味著
戰鬥慾望的氣。

此點從以下也可以得到確認。《國語》及《左傳》中，本來吸引人的視覺
與聽覺的「五色」及「五聲」，只能是氣。特別是《左傳》中，認爲金鼓的聲
音才會激發士氣和戰鬥慾望。這樣的氣與金鼓的關係，從第一章中探討過的
十三篇《孫子》的資料一中也可看到。

在十三篇《孫子》中，金鼓以及旌旗是「所以壹民之耳目也」，如用其
使己軍「專壹」，則可使「勇者不得獨進，怯者不得獨退」。爲何金鼓及旌旗
可使己軍達到「專壹」？這是因爲金鼓和旌旗通過聽覺與視覺，作用於全體
士兵身體內部的氣，然後對士兵們的精神活動的狀態，以及其行動起到了作
用。〈孫氏之道〉中，雖不見氣與金鼓直接結合的表現形式，但可以認爲金鼓
還是用來激發全軍士氣的。十三篇《孫子》將金鼓等作爲「用眾之法」予以
重視，並非只是將其作爲把將軍的士氣命令貫徹全軍的工具。

通過以上內容，對兵家的士氣系統的氣與望氣系統的氣是如何成立的問
題進行了探討。

結果發現這兩個系統的氣，與作爲構成周的史官瞽官保持的天道觀的一個要素的氣思想，具有共通的母胎。本來氣可構成世界各種事象，而在於兵家，則將其一外界存在的天地自然間的氣發展成爲望氣系統的氣，將另一個，人體內部存在的氣發展成爲士氣系統的氣，其結果，士氣系統的氣與望氣系統的氣的論述者形成了並存的形式。

結　語

本來成立於周王室的史官們的氣思想，終於取得了思想性的發展，其中向周王室以外的知識階層的傳播與接收成爲其發展的契機。兵家所說的氣概念分裂爲兩個系統的原因，從「吾非瞽史，焉知天道」（《國語》周語下）的單襄公的話語中也可得知，可以認爲是春秋後期以後重視人事思潮的抬頭所致。

而基於天人相關思想的兵陰陽派的兵學所說的望氣，則基本上繼承了以察上天、上帝的意志占國家大事的史官們的望氣。對此，隨著否定天道重視人事思潮的抬頭，促進了批判軍事思想中天人相關的兵學勢力的興隆，其結果成立了〈孫氏之道〉等兵學。〔註19〕

周王室的氣思想中既已說過的氣之中，意味著人的精神活動的氣，在說明含戰鬥行爲的所有人的行動上非常便利。加之，春秋末期以後的戰爭規模的擴大，多數由受徵的農民組成，基本上戰鬥慾望極爲低下的軍隊該如何運用？帶來一個兵學上的問題。因此，重視人事的〈孫氏之道〉等兵學，一方面強烈排除望氣系統的氣，卻接受了對於人體內部存在的氣的想法，並將其編入兵法當中，結果形成了士氣系統的氣的學說。

本來氣概念，在兵家以外的思想家也常常說起。因此，關於兵家氣思想的發展，還必須要探討與兵家以外的氣的關係。此點將是筆者今後的課題。

〔註19〕否定天官重視人事的兵學的勃興，既已在《左傳》中可見。即資料三十二中
　　　　從敵的「鼓」、「轍」、「旗」的觀測結果中取得勝利的曹劌，是代替古來與君
　　　　主的戰車同乘並觀測天道來預言戰鬥結果的史官及樂官的，新型知識階層，
　　　　關於其論述，在十三篇《孫子》中也同樣有「避銳氣，擊其惰歸」。

第二章　於上博楚簡《恆先》之「氣」思想

序　言

　　於 1993 年出土的郭店楚簡，以及於 1994 年上海博物館購入之楚簡（以下稱爲上博楚簡），一般均認爲於戰國時代中葉被抄寫，而陪葬於楚國貴族墓的東西。因此，包含其兩種楚簡文獻之原書，該可推側已於戰國時代初葉以前成書〔註1〕。中國古代思想史研究上，此事爲兩楚簡資料價值極高之原因。

　　本稿著作時，上博楚簡正於順次公開之階段，雖其全貌尚未明確，仍於《上海博物館藏戰國楚竹書（三）》（上海：上海古籍出版社，2003 年），公開了古佚文獻《恆先》。所謂《恆先》被人注意的是，其述說過去曾未被人認識之有趣宇宙形成論，亦具有與其論密切聯繫而述說「氣」概念的道家系統文獻之處。

　　因此於本稿，爲獲得闡明於戰國時代，「氣」於思想史上之展開，檢討於《恆先》述說之「氣」。同時，檢討於郭店楚簡，並已被公開之上博楚簡，含有的其他道家系統文獻之「氣」，而於戰國時代初葉前，分類爲所謂道家之思想家如何述說「氣」，擬對其加以考察。

〔註1〕　參見戰國楚簡研究會〈戰國楚簡研究の現在〉收入《中國研究集刊》第 33 號（大阪：大阪大學中國哲學研究室，2003 年）。

第一節　於《恆先》之「氣」思想

首先檢討於《恆先》所述說之「氣」的內容。於《恆先》述說「氣」者，以下三個之處〔註2〕：

（一）

01 恆先無，有質靜虛。質大質，靜大靜，虛大虛，自厭不自忍，或作。有或焉有氣。有氣焉有有。有有焉有始。有始焉有往者。未有天地，未有 02 作行，出生虛靜，爲一若寂，夢夢靜同，而未或明，未或滋生。氣是自生，恆莫生氣。氣是自生自作。互氣之 03 生，不獨有與也。

（二）

04 濁氣生地，清氣生天。氣信神哉。云云相生。信盈天地。同出而異性，因生其所欲。察察天地，紛紛而 05 復其所欲。明明天行，唯復以不廢。

（三）

09 互氣之生，因 10 言名。先■者有疑荒言之。後者校比焉。

資料（一）是《恆先》開頭部分。在此被設定「恆」與「或」之兩種世界，主張自「恆」之世界發生「或」之世界，世界轉換而形成宇宙，可見於其他文獻見不到之有趣宇宙形成論〔註3〕。

依據此宇宙形成論，宇宙之原始則爲「無」之「恆」，所謂「恆先」便可覺指是「恆此原始之階段時期」。不過「恆」雖被成爲「無」，但其實在此中具有微少「質、靜、虛」。於是此三者逐漸各自增大，抱有「自厭」之負面情感，變成了無法壓制之。

〔註2〕 關於《恆先》之思想內容，2004 年 6 月 4～6 日，在大阪大學舉行之戰國楚簡研究會例會，淺野裕一氏發表〈上博楚簡《恆先》の道家的特色〉，以及同年 8 月 22～24 日，在北京清華大學舉行「多元視野中的中國歷史──第二屆中國史學國際會議」上，淺野氏發表之論文〈上博楚簡《恆先》的道家特色〉獲得極大指點。對於《恆先》之引用，基本上根據馬承源主編《上海博物館藏戰國楚竹書（三）》（上海：上海古籍出版社，2003 年）之李零氏釋文，另有以淺野氏的見解及己見，部分改變字句之處。爲避免繁雜，省略逐一附注，盡量改變爲通行字體。釋文中的記號如下所示。■、_爲原簡所付，【】爲推定文本。

〔註3〕 對於《恆先》之宇宙形成論，據在注 2 淺野氏的發表及其發表論文。

　　對此「或」之世界轉換，帶著「氣」之發生。發生「氣」時帶「有」，即伴隨發生「存在」，爲「有」發生帶「始」，即伴隨發生自始至終之變化。再言，發生「始」帶著「往者」，則伴隨發生事物自根源遠離之情形。換言之，發生自「恆」之世界至「或」之世界轉換，相繼發生「氣」、「有」、「始」、「往者」，很可難大概同時發生。

　　如此於《恆先》，不存在「氣」之「恆」，及存在「氣」之「或」，其兩種世界對比，被注意者，乃是「氣是自生，恆莫生氣。氣是自生自作。」，或著「互氣之生，不獨有與也」，於此述說顯明，於自「恆」之世界至「或」之世界轉換，「氣」爲自生，非以「恆」而發生之處。自「恆」至「或」之世界轉換以「質、靜、虛」之增大爲起因，該於這一點雖有連續性，並非具有「恆」生「或」或「恆」生「氣」等，直接性之親子關係。

　　如以上，於《恆先》開頭之宇宙形成論，存在於「或」之世界，成爲亦與「有」、「始」、「往者」密接結合之「氣」，基本上構成所有萬物之東西，被認爲於世界存在之一切事物、事象，以「氣」而構成。此事，於資料（二）上述說，天、地均以「氣」而構成之處。於資料（二），「氣」有清濁之區別，述說「濁氣生地，清氣生天。」，則天以清氣，地以濁氣各形成。於是天地形成後，神妙之「氣」運動爲各種各樣，不斷地形成萬物，萬物「盈天地」，而至形成整個世界。於《恆先》，「氣」即不僅天地，亦構成一切萬物之東西。

　　一切萬物以「氣」構成，茲思想，於此稱爲「氣」之思想。這「氣」之思想，承認萬物之各自具有與其他個體不同面目，同時可說明存在所有萬物共通之另一面，其可謂巧妙思想。由於包括如此「氣」之思想，故《恆先》將萬物定位，其各各爲「異性」，雖爲「生其所欲」：則是萬物各各隨意活著之東西，但同時，萬物「同出」之東西。

　　資料（三）是難理解之部分，而對於萬物與名之關係，該可覺述說「先者」與「後者」差異之處。茲便是「恆」於發生「氣」後，對於以「氣」被構成之萬物起名，「先者」則爲「恆」之階段時，其尚未不清楚之名，由「後者」，則爲人類被「校比」，予其各種區別而細分化。

　　尚於資料（三），可見「恆氣之生」之一句，相同者於資料（一）亦出現，關於此事，李零氏認爲將「恆氣」爲「作爲終極的『氣』」，而龐樸氏認爲「這

個本原之氣」〔註4〕。然而如先述說，於《恆先》，在宇宙形成之過程，因世界根源之「恆氣」與「氣」當中，被爲直接性親子關係，於是認爲不合適將「恆氣」作爲慣用詞而解釋。

以上，檢討至《恆先》所述說之「氣」內含。其結果，《恆先》之「氣」，於「或」之世界，則其存在於萬物種種呈現變化之世界，而不存在於宇宙原始之「恆」之世界。於是此「氣」自天地爲起，構成萬物一切的，可說一種物質性東西，而其「氣」至少被設定「清、濁」區別。

話說如此，「清、濁」氣之區別，該只對天地形成而述說而已。尙未明確關於其他事物或事象是否亦受到如此「清、濁」氣之區別影響，或著除了「清、濁」以外，是否對「氣」另有區別。

那麼，圍繞以上《恆先》「氣」之思想，戰國時代初葉以前，於道家佔有如此位置呢？爲檢討此事，針對於郭店楚簡，以及目前已公開之上博楚簡，包含之道家系統文獻，再加檢討如何述說「氣」。於下一章，先注視郭店楚簡本《老子》之「氣」。

第二節　郭店楚簡本《老子》之「氣」思想

於郭店楚簡本《老子》中，出現「氣」者只舉如下於甲本之一個用例而已〔註5〕。

（四）

33 含德之厚者，比於赤子，蚖蠆蟲蛇弗螫，攫鳥猛獸弗扣，骨弱筋柔而捉 34 固。未知牝牡之合然怒，精之至也。終日號而不憂，和之至也，和曰常，知和曰明。35 益生曰祥，心使氣曰強，物壯則老，是謂不道。■

此部分相等於今本《老子》之第五十五章。該當部分之馬王堆帛書《老子》甲本、乙本，並王弼本爲以下〔註6〕：

〔註4〕　李零氏之見解據注2的釋文。尙龐樸氏之見解據〈《恆先》試讀〉（HP《簡帛研究》，2004 年 4 月 26 日）。
〔註5〕　以下郭店楚簡本《老子》之引用，基本上據荊州博物館編《郭店楚墓竹簡》（北京：文物出版社，1997 年）。
〔註6〕　以下馬王堆本《老子》之引用，基本上據馬王堆漢墓帛書整理小組編《馬王堆漢墓帛書（壹）》（北京：文物出版社，1980 年），王弼本《老子》之引用據《諸子集成》（香港：中華書局，1978 年）。

（五）

馬王堆帛書《老子》甲本

【含德】之厚【者】，比於赤子。蜂蠆虺蛇弗螫，攫鳥猛獸弗搏。骨弱筋柔而握固。未知牝牡【之會】而朘【怒】，精【之】至也。終日號而不嗄，和之至也。和曰常，知和曰明，益生曰祥，心使氣曰強，【物莊】即老，謂之不道，不【道早已】。

馬王堆帛書『老子』乙本

含德之厚者，比於赤子。蜂蠆虺蛇弗螫，攫鳥猛獸弗搏。骨筋弱柔而握固。未知牝牡之會而朘怒，精之至也。終日號而不嚘，和【之至也。知和曰】常，知常曰明，益生【曰】祥，心使氣曰強，物【莊】則老，謂之不道，不道早已。

王弼本

含德之厚，比於赤子。蜂蠆虺蛇不螫，猛獸不據，攫鳥不搏。骨弱筋柔而握固。未知牝牡之合而全作，精之至也。終日號而不嗄，和之至也。知和曰常，知常曰明，益生曰祥，心使氣曰強，物壯則老，謂之不道，不道早已。

　　相等於第五十五章之部分，各文本之字句中有若干不同。然而，對於「氣」之述說，「心使氣曰強」之部分，於各文本上完全沒有其差異。

　　「心使氣」意味著人特意為擬強壯身體，對於構成其身體之「氣」加以不自然地作用，故可認為於此之「氣」是存在於人身體內部，構成人身體之物質性東西。一般被人認為，人透過意識性「使氣」，可強壯人之身體。但成為強壯者，必為衰弱，硬逼強壯之人身體，卻更變弱。對於「氣」加以意識性作用，原為「不道」，正是自「道」脫離之行為。

　　於此部分，窺視人之身體以「氣」而構成之思想。話雖如此，因用例太少，而不顯明郭店楚簡本《老子》是否站於人的身體之外，亦以「氣」而構成之立場。然而，基本上該可知郭店楚簡本《老子》站於萬物以「氣」構成，如此「氣之思想」立足。

　　作為此旁證者，便是雖不可見郭店楚簡本《老子》，而見於今本《老子》之以下兩處「氣」之用例。關於郭店楚簡本《老子》目前有兩種說法，一是抄寫本，一是形成途中之文本。然而，淺野祐一氏所指出，將郭店楚簡本《老

子》視爲形成途中之文本，具有不合適之處，郭店楚簡本《老子》被書寫時，已成立與馬王推本幾乎相同之《老子》文本，郭店本《老子》該視爲是種自此爲具某種目的被抄寫的 (註7)。因此，只可見於次舉出今本《老子》之「氣」，可推測於當作抄出郭店楚簡本《老子》之基礎，與今本《老子》大約同一戰國中葉時期之完本《老子》已能見到之可能性極高。

（六）

馬王堆帛書《老子》甲本

【戴營魄拘一，能毋離乎。摶氣至柔】，能嬰兒乎。滌除玄鑒，能毋疵乎。愛【民活國、能毋以知乎。天門啓闔，能爲雌乎。明白四達，能毋以爲乎】。生之，畜之。生而弗【有，長而弗宰、是謂玄】德。

馬王堆帛書《老子》乙本

戴營魄抱一，能毋離乎。摶氣至柔，能嬰兒乎。滌除玄鑒，能毋有疵乎。愛民活國，能毋以知乎。天門啓闔，能爲雌乎。明白四達，能毋以知乎。生之，畜之。生而弗有，長而弗宰也，是謂玄德。

王弼本

戴營魄抱一，能無離乎。專氣致柔，能嬰兒乎。滌除玄覽，能無疵乎。愛民治國，能無知乎。天門開闔，能無雌乎。明白四達，能無爲乎。生之，畜之，生而不有，爲而不恃，長而不宰，是謂玄德。

（七）

馬王堆帛書《老子》甲本

【道生一，一生二，二生三，三生萬物。萬物負陰而抱陽】，中氣以爲和。天下之所惡，唯孤寡不穀，而王公以自名也。物或損之【而益，益】之而損。故人【之所】教，亦議而教人。故強梁者不得死，我【將】以爲學父。

馬王堆帛書《老子》乙本

道生一，一生二，二生三，三生【萬物。萬物負陰而抱陽，中氣】以爲和。人之所惡，唯孤寡不穀，而王公以自【稱也。物或益之而】

〔註7〕 參見在注1〈戰國楚簡研究の現在〉及福田一也〈帛書系《老子》の成立事情——莊子後學との關係を中心に〉收入《中國研究集刊》第32號（大阪：大阪大學中國哲學研究室，2004年）。

損，損之而益。【人之所教，亦議而教人。強梁者不得其死】，吾將
以【爲學】父。

王弼本

道生一，一生二，二生三，三生萬物。萬物負陰而抱陽，沖氣以爲
和。人之所惡，唯孤寡不穀，而王公以爲稱。故物或損之而益，或
益之而損。人之所教，我亦教之。強梁者，不得其死，吾將以爲教
父。

資料（六）爲第十章。於此如嬰兒「摶氣至柔」，則是將構成其身體之「氣」
之作用爲一心一意而爲柔弱最理想，此「氣」與資料（四、五）之第五十五
章者相同，存在人之身體內部，而構成身體之物質性東西。

特別重要者，於資料（七）之《老子》第四十二章。於此「道」生「一」，
「一」生成「二」，「二」生成「三」，而「三」生成「萬物」，其各各順序生
成，至形成世界，述說如此《老子》之宇宙形成論。於以道爲主體之此《老
子》流出性宇宙形成論，「一」、「二」、「三」各自直接指示何物，既有種種
見解，但其尙未不明。

然而，此部分「道」生成「萬物」結果，於「萬物」內部有「陰」、「陽」，
則存在陰氣與陽氣及「沖氣」，顯然可見那些「氣」構成個體之思想。

因此，作爲抄寫郭店楚簡本《老子》原因，於今本《老子》似乎相同之
戰國中葉時期之完本《老子》，亦可推測存在萬物一切以「氣」構成之「氣」
之思想。郭店楚簡本《老子》可認爲基本上具有根據「氣」之思想。

以上，檢討於郭店楚簡本《老子》所述說之「氣」。結果，郭店楚簡本《老
子》中亦可覺具有「氣」之思想。於次章，針對含於郭店楚簡之古佚文獻《太
一生水》中之「氣」加以探討。

第三節　於郭店楚簡『太一生水』之氣的思想

視爲道家系統之古佚文獻《太一生水》，該於思想史上，特別被注意，於
其前半，述說將「太一」爲世界根源之宇宙形成論之處〔註8〕。

（八）

01 太一生水。水反輔太一，是以成天。天反輔太一，是以成地。天

〔註8〕　以下《太一生水》之引用據注5《郭店楚墓竹簡》。

地【復相輔】02 也，是以成神明。神明復相輔也，是以成陰陽。陰陽復相輔也，是以成四時。四時 03 復【相】輔也，是以成滄熱。滄熱復相輔也，是以成溼燥。溼燥復相輔也，成歲 04 而止。

（九）

06 是故太一藏於水，行於時＿。周而或【成，以生爲】07 萬物母l。一缺一盈，以紀爲萬物經＿。此天之所不能殺＿，地之所 08 不能釐，陰陽之所不能成。君子知此，之謂……

於《太一生水》述說之宇宙形成論是如下。首先太一者生成水，次爲「輔太一」而生成天。天亦「輔太一」生成地。接著，自天及地生成神及明，神及明生成陰陽，陰陽生成四時，四時生成滄（冷）及熱，滄及熱生成濕及燥，濕及燥生成歲（全年之所有事象），其各各順序生成，至形成世界。此時，太一潛藏於水中，普及各個時空角落，干預萬物生成之過程。太一不受到天地或陰陽之干預，是成爲「萬物母」或「萬物經」之絕對性之存在。

太一作爲世界根源，同時至郭店楚簡出土，重視水之《太一生水》如此宇宙形成論，於古代中國其存在本身完全不普及。話說如此，於《太一生水》前半部所述說之宇宙形成論，並非直接言及「氣」。雖出現「陰陽」，此「陰陽」是否爲「氣」，其非直接說解而不明確。

於《太一生水》唯一出現「氣」之處，則於其後半部之以下。

（十）

10 下，土也，而謂之地。上，氣也，而謂之天＿。道亦其字也。

然而，於《恆先》或今本《老子》，「氣」是構成萬物一切之物。尤其於《恆先》成爲天以「清氣」而地以「濁氣」構成。針對此，於《太一生水》，以「氣」構成者只是天，地者被設爲非由「氣」而以「土」構成。構成地之「土」，雖然一概否定被認爲「氣」類之一的可能性，但於《太一生水》，是否具有所有萬物以「氣」構成之「氣」思想，仍該留下一些問題〔註9〕。

本來，於《太一生水》述說，如於其前半部可見，以「太一」爲宇宙根

〔註9〕 在《國語‧周語》，窺見在天地自然間之氣秩序以水及土說明之思想。參見拙著〈《國語》周語における氣〉收入《中國研究集刊》第 8 號（大阪：大阪大學中國哲學研究室，1989 年）、〈氣の思想の成立──《國語》に於ける氣を中心に──〉收入《新潟大學教育部紀要（人文、社會科學編）》第 32 卷第 2 號（新潟：新潟大學，1991 年）。

源之宇宙形成論，反而於其後半部完全出現「太一」。再謂，於後半部出現於前半部完全肥沒出現之「道」或「天道」。由此如事，於全文獻中，對於《太一生水》是否歸納至何等地步亦有問題。可見於《太一生水》前半部資料（八）：「太一生水。水反輔太一，是以成天。」以及後半部資料（十）：「上，氣也，而謂之天。」，其兩說擬敢解釋完全符合，於資料（八）「水」爲「反輔太一」，該認爲或許「水」生成「天」之時，變其面貌爲「氣」，於是其「氣」構成天。如此解釋大致可成，但尙確實。

因此，茲於《太一生水》對「氣」思想，擬只指出成爲唯有天以「氣」而構成之部分性存在。

第四節　三文獻之「氣」思想及宇宙形成論

以上，對於上博楚簡《恆先》及郭店楚簡本《老子》、《太一生水》，探討其「氣」如何被述說。結果，於《恆先》明顯可見萬物一切是由「氣」構成之思想，則具「氣」之思想。於是於郭店楚簡本《老子》，可確認人之身體以「氣」構成之思想，亦作爲抄出郭店楚簡本《老子》之起因。於與今本《老子》似乎相同想法之完本《老子》，仍可推測存在所有萬物以「氣」構成之「氣」之思想。在加於《太一生水》，可見天以「氣」而構成之思想，存在部分性之「氣」之思想。

這些三文獻被認爲均於戰國中葉被抄寫，因此其文本己成立於戰國初葉前之可能性高。於是於戰國初葉以前，已存在包括天、人等萬物以「氣」構成之「氣」之思想，視爲確實被分類爲所謂道家之思想家們，各自說明「氣」之思想之事。

不過，於《恆先》「清氣」生成天而「濁氣」生成地，對此於《太一生水》述說是天以「氣」，地以土而構成的。案此事亦明顯，於三文獻，對「氣」之思想說法並非相同。於各文獻，對「氣」之說法可見有差異。特別明顯之差異於宇宙形成論與「氣」之關聯狀況。

於《恆先》，宇宙形成之過程中，「氣」之有無問題極有重大意義。則發生自沒「氣」之「恆」世界至「或」世界之轉變，「氣」便自生，自此以後「氣」構成於世界一切事象。

對此，於郭店楚簡本《老子》，其出土部分儘管沒說對宇宙形成論有關之

「氣」，仍於抄出其書起因之無本《老子》，可推測由「道」生「一」，「一」生「二」，「二」生「三」，「三」生以「氣」構成之「萬物」之形式，而宇宙形成論與「氣」結著述說。然而，於《老子》宇宙形成論中，關於「氣」負責之角色，與《恆先》之「氣」並非明確，茲相當曖昧。

又《太一生水》於其前半部，「太一」最初生成「水」，接著述說連續生成天、地、神、明、陰、陽、四時、滄、熱、燥、歲，於此沒直接出現「氣」。

如此於茲三文獻，述說各自不同之宇宙形成論，其宇宙形成論與「氣」之相關狀況，亦以各自各異。可能這些現象，能推測表示各主張而展開獨自宇宙形成論之三種文獻著者，成立各文獻時，將既存在之「氣」之思想，當作像共通前提一般而接受，且改編符合各主張之內容。

換言之，「氣」之思想，該可覺原來屬於周王室之史官們，為窺見上天、上帝之意思，諫諍天子之理論而成立〔註10〕。「氣」之思想本來與擬說明何事為世界原始，自此如何創造世界，如此宇宙形成論沒直接關係。茲即是欲將現實存在之事物或事象與天子該做之行為結合說明的。

然而，「氣」之思想，因以其事能巧妙說明現實存在之所有事物或事象之成立，故可容易編入宇宙形成論。因此認為《老子》、《恆先》、《太一生水》等著者，所謂道家思想家們接納之，漸編入各自之宇宙形成論。

當然《老子》、《恆先》、《太一生水》等著者所主張之宇宙形成論是不同模式之東西，其接受「氣」思想之編入法不得不相同。《恆先》與《老子》之著者，基本上全面性地接受「氣」之思想，而各自提倡「恆」或「道」為原始之宇宙形成論。對此提倡重視水之宇宙形成論《太一生水》，因水之作用與「氣」之作用調整困難，於是只可限於部分接受「氣」之思想。於其三種文獻，雖然共通存在萬物以「氣」構成之思想，但對宇宙形成論與「氣」之關聯性可見差異，該可認為反映著如此情況。

結　語

於《莊子》可見眾多述說，於天地之間存在而運動，生成種種事象之「天

[註10] 參見注9拙著〈《國語》周語における氣〉、〈氣の思想の成立──《國語》に於ける氣を中心に──〉，以及〈兵家の氣の思想について──「孫氏の道」を中心に──〉收入《集刊東洋學》第72號（仙台：東北大學，1994年）、〈墨家による氣の思想の受容〉收入《中國研究集刊》第29號（大阪：大阪大學中國哲學研究室，2001年）。

氣」、「地氣」、「六氣」、「雲氣」、「春氣」、「陰陽」等「氣」，或著「志氣」、「血
氣」，又見氣息之「氣」等，存在於人身體內，生成疾病、精神性作用等，各
種對身體有關事象之「氣」。譬如於外篇〈知北游第二十二〉，：「人之生，氣
之聚也！聚則爲生，散則爲死。」〔註11〕，對個體之生死以「氣」集散說明。

　　另於《列子》亦與《莊子》相同，窺見不只對身體，針對世界全體之種
種事象以「氣」而擬說明之思想。特別注意的是，於〈天瑞篇〉述說出現氣
概念的宇宙形成論之處。

（十一）

　　子列子曰：「昔者聖人因陰陽以統天地。夫有形者生於無形，則天地
　　安從生。故曰：有太易，有太初，有太始，有太素。太易者，未見
　　氣也。太初者，氣之始也。太始者，形之始也。太素者，質之始也。
　　氣、形、質具而未相離，故曰渾淪。渾淪者，言萬物相渾淪而未相
　　離也。視之不見，聽之不聞，循之不得，故曰易也。易無形埒，易
　　變而爲一，一變而爲七，七變而爲九，九變者，究也。乃復變而爲
　　一。一者，形變之始也。清輕者上爲天，濁重者下爲地，沖和氣者
　　爲人。故天地含精，萬物化生。」

　　於此，將宇宙形成之過程被分爲「未見氣」及「氣之始」之各階段，茲
則以有無「氣」而明確制定其區別。況且可見「清輕」之「氣」構成天，「濁
重」之「氣」構成地的思想。如此地方類似於〈恆先〉之宇宙形成論。

　　如上，於《莊子》或《列子》所可見之相關「氣」思想，該到底何時成
立之問題，針對文獻成立事情須加以愼重檢討而考察，至今被視爲大概於戰
國時代中葉以後，或許與戰國末期更晚成立。不過因由出土郭店楚簡及上博
楚簡，於是於戰國時代初葉前，既有萬物以「氣」構成之思想，並且明確種
種形式之宇宙形成論與「氣」之思想結合述說之事情。

　　因爲如此，認爲已難成爲於《莊子》或《列子》可見之相關「氣」思想，
於戰國時代後期或其以後始成立。關於包括如此傳世文獻，解釋於道家之「氣」
思想展開之全貌，擬作爲今後課題。

〔註11〕見郭慶藩撰、王孝魚點校《新編諸子集成・莊子集釋》外篇〈知北游第二十
　　　　二〉（北京：中華書局，2004），頁733。

第三章 「氣」思想

第一節 中國思想史與氣

何爲「氣」思想？

中國思想史上氣的概念，在宇宙形成論中起到了尤其重要的作用。對於「這個世界是如何形成的」的疑問，如古代希臘的德謨克利特斯認爲所有的事象均由原子構成一樣，在古代中國，則認爲所有的事象均由氣所構成，在宇宙形成的過程中氣起到了重要的作用。

當然，氣並非只有在宇宙形成論中才有過論及。在醫學及軍事、音樂等領域中也論述到氣，這些各種各樣的氣，也均可納入所有事象由氣所構成的思想框架中。在此，將氣構成萬物的思想稱爲「氣」思想，並以在宇宙形成論所論述的氣爲中心展開討論。

宋學與「氣」思想

在中國思想史上，使用氣的概念論述宇宙形成論的代表人物，便是被稱爲宋學的近世儒學的思想家們。

周敦頤（字濂溪）曾著有論述萬物形成過程的《太極圖說》。其認爲陰陽二氣與陰陽二氣所生五行之氣（木、火、土、金、水）構成了世界所有事象。張載（號橫渠），則認爲聚氣而成萬物，氣散則物歸於無形。通過氣的集散來說明萬物的形成及死滅。只是張載所說的氣，並無周敦頤所論及的有陰陽及

五行的區別，而是只有一種。

學於周敦頤的程顥（號明道），認為陰陽的消長，及陰氣與陽氣的盛衰引起萬物的形成和變化。而且人與物的區別，或人性各相異現象存在的理由，在於容納物體處的氣的相異。陳顥之弟，同學於周敦頤的陳頤（號伊川）則認為，現實中發生的各種事象的背後存在理，事象為理的作用。而且構成事象的氣，與事象本體的理之間有不可分的關係。

此四位思想家（北宋四子）之後，又有集宋學之大成的南宋的朱熹認為，萬物由形而上的理與形而下的氣（陰陽五行之氣）組合而成，其物性由理來規定，其物形由氣來構成。

如此，宋學論述了作為構成個體的物質性要素的氣，也給後世以極大影響。明末清初的思想家王夫子（字船山），正是受到了張載思想的強烈影響。

古代的「氣」思想

但在中國思想史上，「氣」思想卻並非始於宋學。東漢的王充，早已論述過「氣」思想。而西漢時期成立的《淮南子》中也存在有關氣的各種看法。甚至早在春秋戰國時期的諸子百家的思想中，也可見關於氣的各種觀點。

相對而言，漢代以後的文獻中有關氣的觀點的論述相對較為完整。而諸子百家關於氣的論述則均比較片面和未成體系。而且古代的思想流傳至今的所謂的傳世文獻，其資料本身的可信程度尚存在有很大的疑問。因此，究竟在春秋戰國時期，是否存在過認為由氣構成萬物的「氣」思想還不甚明確。

但在近年來相繼出土的戰國時期的竹簡資料當中，發現了含有基於「氣」思想論述宇宙形成論的文獻。終於明確了「氣」思想在戰國時期已經存在這個事實。

第二節　出土資料中宇宙形成論的氣

上博楚簡《恆先》的氣

1993 年於湖北省荊門市的郭店一號楚墓出土的郭店楚簡，以及盜掘後流入香港古董市場並於 1994 年由上海博物館購入，即所謂的上博楚簡里包含的古佚文獻中，論述有迄今不為人知的萬物形成論類型。而且，還含有數

種具有氣構成萬物思想的文獻。其中之一，便是上博楚簡中道家系列文獻〈恆先〉。

《恆先》極爲獨特的宇宙形成論認爲，宇宙的始源，乃是「無」中之「恆」。「恆」的世界最終轉換爲「或」的世界，氣便由此而生。氣的發生，引起了事物存在、事物開始以及事物遠離根源等連鎖反應。而且，宇宙始源的「恆」與氣的關係，爲「恆氣之生，不獨有與也」，並非由「恆」生氣，強調兩者並無直接的母子關係。

《恆先》的宇宙形成論雖較爲難解，但從氣的發生引起事物的存在及事物的開始一點上來看，含有「氣」思想是毫無疑問。此點從「濁氣生地，清氣生天」，天地均由氣所生的論述上也可得到確認。根據《恆先》，首先天地由氣生成，其後通過氣的各種運動而逐步生成萬物，又由氣生成的萬物「盈天地」，而生成了整個世界。

上博楚簡與郭店楚簡同樣，均出土自戰國中期營造的楚墓。而且兩楚簡包含的多數文獻，爲原本的可能性極小，均爲由原本抄寫並廣泛流傳的文本之一。因此，運用「氣」思想論述宇宙形成論的《恆先》的原本，在戰國初期或之前應該已經成立，而「氣」思想的存在則應該更早於此。

郭店楚簡《太一生水》的氣

郭店楚簡中的古佚文獻《太一生水》中，論述了與《恆先》不同的宇宙形成論。在《太一生水》開頭論述的宇宙生成論中，認爲宇宙的根源爲「太一」。「太一」首先生水。其次水「輔太一」生天。天又「輔太一」生地。後天地生神明，神明生陰陽，陰陽生四時，四時生滄熱，滄熱生濕燥，濕燥生歲（一年里所有事象），順次形成後世界完成。此時，太一潛藏於水中，並佈滿時空各處，涉及萬物形成的整個過程。太一不受天地與陰陽的影響，是「萬物之母」或「萬物之經」，是絕對的存在。

《太一生水》開頭部分的宇宙形成論中的「陰陽」也可認爲是氣的一種，雖未直接論述爲氣，但在文獻的後半部的「下，土也，而謂之地。上，氣也，而謂之天」中，認爲「下」即地是由土而成，而「上」即天是由氣而成。雖然這與開頭部分的統一性上尚留有疑問，但在《太一生水》中，認爲氣最終構成以天爲首的所有事象，還是應該看作含有「氣」思想。

《老子》的氣

另外，其實在傳世文獻的《老子》中，也論述了包含「氣」思想的宇宙形成論。雖未見於郭店楚簡本《老子》中較為遺憾，但在通行本《老子》的第四十二章的，「道生一，一生二，二生三，三生萬物。萬物負陰而抱陽，中氣以為和」中，認為宇宙根源的「道」，先生「一」，「一」生「二」，「二」生「三」，「三」生「萬物」等逐次生成，是由「道」生成了世界。論述了以道為本體的流出論式的宇宙形成論。「一」、「二」、「三」各自直接代表何物，向來眾說紛紜。但從包含有陰與陽，及「中氣」形成的過程來看，《老子》的宇宙形成論的確也含有「氣」思想。

另外，通行本《老子》的第五十五章中有「心使氣曰強」，可見《老子》中還存在認為人的身體是由氣構成的觀點。該部分也存在於郭店楚簡本中，「心使氣」，是人刻意強盛身體，而有意驅使構成身體的氣的意思。

如上，戰國時期的竹簡資料《恆先》與《太一生水》，以及作為傳世文獻並部分包含於郭店楚簡中的《老子》，均論述了各自不同形式的宇宙形成論。而且對於宇宙的根源、始源也有「恆」、「太一」、「道」等各自不同的稱謂，但在以天為首的各種事象是由氣所構成的觀點上，卻可以說是共通的。

這種現象，顯示了《恆先》、《太一生水》、《老子》的作者在論述各自獨特的宇宙形成論時，吸收了當時已經成立的「氣」思想，並運用到各自的論述當中。當然，吸收「氣」思想的，並不僅限於道家。諸子也站在各自的思想立場上，以最適合自己思想的形式對「氣」思想進行了廣泛的吸收。

第三節　諸子百家對「氣」思想的吸收

不過，並非所有的諸子，均全盤吸收了世上萬象均由氣所構成的「氣」思想。從論述氣的傳世文獻中可知，氣的論述因文獻而異，各文獻對氣並無一個統一的認識。可見，諸子對「氣」思想的吸收，多為有選擇性的吸收。

「氣」思想，是認為世界所有事象均由氣所構成，所以可以說，氣原本就具有一種物質方面的特性。但除去人身體外部的事象，在人身體內部的事象方面，比如疾病或有關精神方面的作用等，也可以用氣的狀態來進行說明。因此，氣在具有物質方面特性的同時，還具有精神方面的特性。

在諸子百家中，有的僅論述物質方面的氣，有的則僅論述精神方面的氣，

之所以會有這種現象，可以說，正是由於諸子在吸收「氣」思想時，是以適合自身的形式選擇了相應的內容，並進行了進一步的擴展。

以下，通過兵家與儒家，來看如上所述的諸子百家對「氣」思想的吸收方式。

兵家的氣

在記載兵家思想的文獻中論述的氣，既有作為精神力量的士氣，也有並非人的精神作用，而是伴隨有色彩及形狀的物質方面的氣，以及通過對該氣的觀測來把握戰爭的勝敗及敵情的望氣。

兵家所說的這兩種氣，是源於兩種不同的兵學。否定基於天人相關思想的兵學，通過重視人事來取得勝利的孫武、孫臏、吳起、尉繚子等，均在論述僅作為人的精神力量的士氣系統的氣。在「氣」思想中，他們僅吸收了與精神力量有關的部分，主張通過對氣的操作來取得勝利。如在銀雀山漢墓出土的《孫臏兵法》中，有一篇名為延氣篇。其中，記述了從本國出發至戰場作戰，該如何保持士兵的士氣的內容。

與此相對，論述望氣的，則是不主張通過重視人事來取勝的，基於天人相關思想的陰陽流的兵學。陰陽流兵學所說的氣，是伴隨有色彩及形狀的物質性的氣。通過具有特殊技能者對其進行觀測（稱為望氣），來把握戰爭的勝敗及敵情。可以說，對望氣系統的氣的論述，是在大體上接受了天地事象均由氣構成的「氣」思想後，又進一步將氣發展為可視的形態。

儒家的氣

儒家基本上論述了作用於人的身體以及精神方面的氣。如在《論語》中，論述了血氣及辭氣等，均為人身體內部存在的氣。不過，如士氣等直接指人精神方面活動的氣，在《論語》中並未出現。

《孟子》及《荀子》，基本上也是以人身體內部存在的氣為主進行了論述。可見，在尚未論述宇宙形成論的春秋戰國時期的儒家，是以人為本，對「氣」思想進行了吸收。

而且，在儒家所說的氣中，有些在背後也存在有「氣」思想。例如，《孟子》所說的「浩然之氣」。「浩然之氣」為人身體內部的氣，但同時也「塞天地間」，即充塞天地各個角落。之所以「浩然之氣」具備如此性質，還是因為

《孟子》認爲氣原本就遍存於天地之間，並構成萬物的吧。另外，《荀子》在論述血氣等的同時，說「水火」也有氣。該觀點也並非荀子的獨創，而應當看作是荀子吸收了萬物皆由氣所構成的「氣」思想。

在郭店楚簡、上博楚簡的儒家系列文獻中，也是以「血氣」等人體內部存在的氣爲主。

但其中也有一些，是論述具有精神作用或與精神所用密切相關性質的氣。

另外，也有一些論述在天地間的氣。特別是上博楚簡中儒家系列的古佚文獻《容成氏》。在《容成氏》中可以看到這樣的觀點，即優秀的統治者掌握天地自然間存在的「陰陽之氣」及「天地之氣」的狀況，以氣的狀況爲準則進行統治則天下善治。《容成氏》中具有明顯的天地間廣泛存在氣的認識，而且還將氣分爲陰氣與陽氣兩種。此外，將把握氣的狀況與爲政者相結合一點，如後所述，帶有濃厚的早期氣思想的性質，即認爲氣具有天人相關的媒介作用。

必須認爲，即使同爲儒家，在對「氣」思想的吸收及發展方式上也各有不同。

第四節　「氣」思想的成立

《國語》周語中的兩種氣

春秋戰國時期諸子百家所吸收的「氣」思想，究竟是如何成立的？有關此點，雖尚有不明之處，但「氣」思想，應當是周王室的史官爲領會上天及上帝的意思以勸諫天子而創立的理論。

有關此點，可見於《國語》。《國語》是記錄春秋時期的周、魯、齊、晉、楚、吳、越、鄭的歷史的書籍，其中，特別是在周語中集中記述了氣。在此，將周語中的氣，根據氣的存在場所，暫且分爲天地自然間的氣與人身體內部的氣，以下就是其概略。

首先天地自然間的氣，其基本功能是作爲天人相關的媒介。即，本來陽氣上升，陰氣下降，但如果王的背德導致陰陽的「天地之氣」秩序混亂，則地震等異常自然現象就會接連發生，最終導致國家成爲「天之棄所」而滅亡。

「天地之氣」的秩序，除陰陽的升降運動外，還論及水氣與土氣的關係。

即，從土氣聚集的山高，水氣川流而下而不沈滯，蓄於澤而不「散越」。此即為「天地之氣」應有的秩序，只有維持如此秩序，人民的生活才能安定。

而人體內部的氣，人從口耳攝取食物及聲音，則體內「生氣」，氣「在口為言」，即言語，「在目為明」，即視覺的認知能力。但如果食物及聲音的攝取不調和，而有混亂，則氣在體內無法固定而散佚，於是就會有狂悖之言及視覺的異常。

另外在周語中，不見有指士氣等精神作用的氣的用例。不過從氣與人的言語視覺等認知能力的結合上，也可知周語中人體內部的氣，是與人的精神作用深切相關的。

《國語》周語的「氣」思想

如此《國語》周語中天地自然間的氣與人體內部的氣的關係，在周語中並未直接言及。但，兩者均存在在本來具有的一定的秩序下，如果氣的秩序被人的背德、不正所亂，則均會給人帶來損害，兩者皆具有如此共性。另外，特別是在與音樂的關係上，天地自然間的氣與人體內部的氣，均是在正確的音樂下，才能保持應有的秩序。因此，兩者最終同一。如此可見，在周語中，也存在有世界一切事象皆由氣所構成的「氣」思想。

當然，周語的「氣」思想，氣的離合集散與個體的生成死滅之間並非直接相關。而且，在天地自然間的氣的秩序上，對陰陽與水土兩個並存的系統並無統一的說明，陰氣與陽氣，以及水氣與土氣的關係並不明確。即周語中的「氣」思想，還尚未如後來的陰陽說及五行說一般，完全具備理論的統一性，可見為相當早期的觀點。

「氣」思想先驅

那麼，承負周語的「氣」思想的，到底是怎樣的人物？

如上所述，《國語》中論述氣的部分，集中在記載周王室歷史的周語中。其多數為權力中心周王左近的人物，在對王進行勸諫時論說到氣。由此可知，「氣」思想是周王室所屬的知識階層所持有的觀點。

周王室的知識階層中，起到特別重要作用的是史官及樂官。周語中，史官在進行天文觀測的同時還觀測氣的狀況，從其觀測結果來預知立春日，另外，還記載有樂官言及音樂之氣帶來的影響來勸諫王。史官及樂官，因氣與

其職責之間關係密切，可謂是氣的專家。

史官與樂官，從天道的推移讀取上天、上帝的意思進行預言，並以此為本職。他們在集團內部，世代繼承了人格神的上天、上帝作為絕對支配者支配人間世界並通過日月星辰的運行向人間社會傳遞信息的天道觀。該天道觀，是從他們以天道來進行預言，教誨天子的本職活動中產生的。可以說，周語中的世界所有現象均由氣構成的「氣」思想，是作為史官及樂官的天道觀的要素而成立的。其成立時期，可上溯至西周時期。

由史官及樂官成立的「氣」思想，作為勸諫王的有效理論，又被其他的知識階層所接受，並從周傳播到周邊諸國。如上所述，在春秋戰國時期又被諸子廣泛吸收，諸子百家時代結束後仍不斷被吸收，並繼續發展成為各種各樣的形態。

專欄「氣」的原義

究竟何為「氣」的原義？

要明確漢字的原義本身就極為困難，根據後漢許慎所著《說文解字》，「氣」字的本義為給予客人的食糧，或將食糧給予客人。字的構成方式，為意符的「米」與聲符的「气」的形聲。且「氣」的構成要素的「米」為穀物之實的象形，「气」為「雲氣」的象形。

因此，今日通常認為的「氣」概念，並非《說文解字》中的「氣」，倒是接近其構成要素的「气」。

關於「氣」與「气」的關係，為《說文解字》著注的清朝學者段玉裁認為，首先有表雲氣的「气」在先，後將「气」用作構成要素，造出了表示給客人食糧意思的「氣」字。最終比起本意的雲氣的意思來，「气」字更多用於假借的「求」的意思，取而代之「氣」字則用於表示雲氣的意思。因此，作為表示「氣」的本義「給客人食糧」的意思的漢字，又新造出了「餼」字。

許慎在解釋漢字的構造及本義之際，使用秦始皇統一文字後所創的小篆為基準，但進入 20 世紀後，又發現了遠比小篆古老的漢字字體殷代的甲骨文。而且通過對甲骨文的研究也明確發現，以小篆為基準的《說文解字》在本義及構造的解釋上有不少舛誤。

那麼，甲骨文中的「氣」與「气」，又作何解？

事實上，甲骨文中並不見「氣」而只有解作「气」的字。但卻用作「求」

的含義。

　　白川靜氏認爲，「气」的甲骨文爲「雲氣流於空中，其一方爲呈下垂狀」
的象形，「古代望雲氣而祈」，是用作「祈求」的含義。如根據重視《說文解
字》中「气」的說明的白川靜氏的解釋，則「气」的原義爲雲氣。

　　但加藤常賢氏認爲，「气」爲「人呼吸之氣，或蒸氣的象形字」，認爲「只
要設想一下在多季呼吸時的氣以及水蒸氣等就會明白」。另外藤堂明保氏也從
單詞家族的觀點認爲，「气」爲「表示氣息阻塞，屈曲而出的狀態，爲稍具象
徵性的象形文字」也可認爲並非氣息，而是從鍋蓋縫隙中鑽出的蒸氣」。

　　如果「气」的本義爲氣息，則正如栗田直躬氏在〈中國上古典籍中「氣」
的觀念〉中所論述的，「氣」從呼吸的「氣」變化爲推動生物生理作用及生活
活動的力量，然後又發展爲一般生活活動的根源，以及生命以外的或具有支
配能力的自然物體及自然現象的「氣」。

　　但是，考慮到萬物由氣所構成的「氣」思想在周的史官創立之後，至戰
國初期已有各種變化，所以，還是將原本於自然界廣泛存在的蒸氣及雲氣等，
看作是「气」的原義才較爲妥當。

第二篇
郭店楚簡和上博楚簡的研究

第四章　郭店楚簡《性自命出》與上海博物館藏《性情論》之間的關係

序　言

　　一九九三年十月於湖北省荊門市郭店一號墓出土，並且由荊門市博物館編《郭店楚墓竹簡》（一九九八年五月、文物出版社）所公開的郭店楚簡，被認為是戰國時期思想史研究上的重要材料。因此受到相當的重視。到日前為止已經有許多研究。而其中，被視為是儒家文獻的《性自命出》一文當中有「性自命出，命自天降。」〔註1〕的敘述，包含有人的「性」是由「天」的「命」而來的思想。故其與《中庸》之間的關聯便已被指出，並且被認為是在研究戰國時期儒家思想的發展方面極具重要性的資料。

　　然而，《性自命出》一文是早已佚失的文獻，而且竹簡本身原來的排列順序，早在出土的時候就已經散亂不明了。因此，由《郭店楚墓竹簡》所刊載的《性自命出》的本文，仍然只是修復過後的版本，並非完全確定的定本。因此，針對這個問題已有學者以為應修正竹簡的排列順序，並修改『性自命出』的本文。〔註2〕

〔註1〕　「眚（性）自命出，命自天降。」（簡02～03）。接下來在本文的引用，基本上是依據《郭店楚墓竹簡》。有一部分是依筆者自己的意見所改的。為了避免繁雜，不一一注解之。另外，墨釘，墨鉤等，皆依據照片而儘可能做了補記。而句讀則是為了解釋上的方便，原作者自行加上的。

〔註2〕　參照：陳偉〈郭店楚簡《六德》諸篇編連的調整〉（武漢大學中國文化研究

　　另外，一九九四年上海博物館於香港市場購入了戰國時代的楚簡（以下稱「上博楚簡」）。在這份竹簡中所記載的大量文獻當中，發現其與《性自命出》一文有幾乎完全相同的文獻。據此，狀況便有了大幅變化。也就是說，藉由被稱爲《性情論》的這份文獻（出自馬承源主編《上海博物館藏戰國楚文書（一）》二〇〇一年十一月，上海古籍出版社）的公開，以及藉著《性情論》與《性自命出》之間的比較，便得悉兩文獻文字列之間的連接順序。比較結果顯示，《郭店楚墓竹簡》一書所揭示的排列大致上正確。竹簡排列順序的問題大致上已經有了結論。〔註3〕

　　筆者認爲，兩文獻之間的許多異同之處，仍然還有許多值得探究的地方。而本篇將焦點置於竹簡上所記載的文字列以及記號的狀態，且特將其形式面的部份作爲比較的重點。並將其與思想內容的關聯納入討論，以考察兩文獻之間的關係。

第一節　兩文獻之間的對應關係以及問題點

　　本節將針對《性自命出》與《性情論》之間，從整體的角度來探討兩者之間的對應關係。

　　首先，從兩者的對應關係來看，《性自命出》可分作 6 個拼聯組，而《性情論》則可分爲 5 個拼聯組。下面將《性自命出》的 6 個拼聯組依照順序標上羅馬數字 I～VI，而《性情論》的 5 個拼聯組也依序標上字母 A～E 以資辨別。

　　表（一）表示《性自命出》和《性情論》各拼聯組之間對應關係。

所編《郭店楚簡國際學術研討會論文集》湖北人民出版社，2000 年）以及
廖名春〈郭店簡《性自命出》的編連與分合問題〉（《中國哲學史》2000 年
第四期。以下稱〈編連與分合問題〉）。書中則是將各說法彙整並將上博楚簡
列入討論。
〔註3〕〈編連與分合問題〉中，將《性自命出》簡 01 至簡 35 分爲上篇而簡 35 之後
則分爲下篇。對於上篇，廖先生認爲「郭店簡《性自命出》篇原釋文從簡 1
至簡 35 的編連并未有誤」，而下篇他也認爲「最佳的方案還是《郭店楚簡》
釋文原來的編排。」

表 1　《性自命出》《性情論》拼聯組對應表

《性自命出》			《性情論》		
拼聯組名	隸屬之竹簡	文　字　列	拼聯組名	隸屬之竹簡	文　字　列
《性自命出》I	《性自命出》簡 01～33	「凡人雖有性～遊心也」	《性情論》A	《性情論》簡 01～21	「凡人雖有性～遊心也」
《性自命出》II	《性自命出》簡 34．35	「喜斯慆～慍之終也」	（無）		
《性自命出》III	《性自命出》簡 36～49	「凡學者～信矣」	《性情論》E	《性情論》簡 31～40	「凡學者～信矣」
《性自命出》IV	《性自命出》簡 50～59	「凡人情～欲其制也」	《性情論》B	《性情論》簡 21～27	「凡人情～欲其折也」
《性自命出》V	《性自命出》簡 59～62	「凡悅人～樂事欲後」	《性情論》D	《性情論》簡 29～31	「凡悅人～樂事欲後」
《性自命出》VI	『性自命出』簡 62～67	「身欲靜～為主心」	《性情論》C	《性情論》簡 27～29	「凡身欲靜～累累之哀」

　　如表所示，《性自命出》I 對應《性情論》A，《性自命出》III 對應《性情論》E，《性自命出》IV 對應《性情論》B，《性自命出》V 對應《性情論》D，《性自命出》VI 對應《性情論》C。而《性自命出》II 則沒有在《性情論》中可資對應的文字列。〔註4〕

　　另外，兩文獻之間的字句有相異之處，而且兩文獻所使用的楚系文字本身在每個文字的隸定和釋字方面也存有許多問題。因此，就算說兩文獻之間的拼聯組有所對應，但並不表示這兩個文字列的文字是完全一致。但如同（表一）所示《性自命出》和《性情論》是在內容上幾乎重複的兩文獻。

　　在《性情論》中沒有與《性自命出》II 相對應的文字列，而且兩文獻彼此之間的拼聯組的排列順序也都不同。這些都是兩文獻之間顯著的相異處。在考察兩者之間的關係時，這都是應該特別去注意的。

　　在次節，筆者將先對兩文獻之間拼聯組排列順序的不同點作一番探討。

〔註4〕　如後面所提，《性情論》B 裡的簡 25 與簡 26 之間可能還有一枚殘缺的竹簡未
　　　　納入。而若將此簡納入的話，《性情論》B 與《性自命出》IV 之間就會有部份
　　　　文字列順序相異。然而又因為會發生問題的文字列的字數少，故在此將這兩
　　　　個拼聯組在整體而言視為相互對應的。

第二節　拼聯組的排列順序問題

在考察拼聯組之間的排列順序的問題時，拼聯組與拼聯組之間的接續狀態為其重點。換言之，兩個連續的拼聯組的銜接是否在竹簡上可資判別為其重要因素。如果說前一個拼聯組的結尾和後一個拼聯組的開頭是在同一塊竹簡上出現，也就是說兩個拼聯組就在同一片竹簡上面連接的話，這兩塊拼聯組之間就不可能有其他文字列的存在。

從另一方面說，前面拼聯組的文字列的末尾和後面拼聯組的文字列的前頭如果不是記載在同一塊竹簡上，也就是說兩個拼聯組不在同一片竹簡上面連接的話，那這兩個拼聯組之間的順序就是未確定的。這是因為，不能排除各個文字列分別連結於其他竹簡的文字列的可能性。

根據上述的觀點，對於這兩個文獻的拼聯組的順序做考察。

首先，《性自命出》之中，IV 和 V 在簡 59 相連接，以及 V 和 VI 在簡 62 相連接。是故，《性自命出》的 IV、V、VI 三個拼聯組的順序，可以確定是「IV・V・VI」。

而 I 和 II，II 和 III 以及 III 和 IV 之間，彼此不在同一塊的竹簡上連接，故《性自命出》的 I、II、III 之間彼此的順序，孰前孰後並不確定。

相對地《性情論》的拼聯組之間，彼此的連結都在某一塊竹簡上。換言之，A 和 B 在簡 21 上面連接，B 和 C 在簡 27 上面連接，C 和 D 在簡 29 上面連接，D 和 E 之間在簡 31 上面連接。是故，《性情論》上 A 到 E 的文字列彼此的順序可以確定為「A・B・C・D・E」。

《性自命出》和《性情論》各自拼聯組的連接狀況以及兩者之間彼此的對應關係，如（圖一）所示。

在《性自命出》當中已經確定的拼聯組順序為「IV・V・VI」。也就是說，如果從《性情論》的角度來看，這樣的排列順序會成為「B・D・C」。但是《性情論》當中 B、C、D 三個拼聯組的順序已經確定是「B・C・D」了。所以說兩文獻之間確實存在著拼聯組順序的不同。

另外，從竹簡上的墨鉤也可看出兩者之間拼聯組順序的不同。在此所謂的墨鉤是指，在文字的右下角，接觸到竹簡的右端的鉤狀記號。〔註5〕

在《性情論》裡的墨鉤，出現在文獻全體末尾的 E 的最後一塊竹簡。而

〔註5〕　關於「墨鉤」、「墨節」、「墨釘」等詞語的用法乃依據《楚竹書》

且只出現於簡 40。

圖一　《性自命出》與《性情論》之間拼聯組對應關係圖

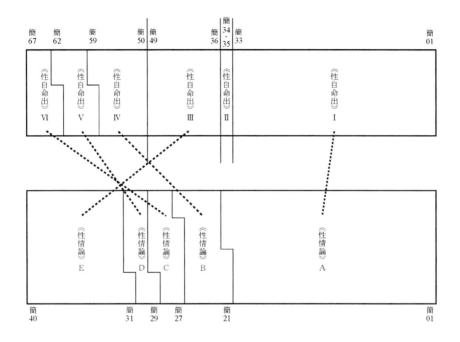

圖二　《性情論》簡 40 的墨鉤（出自《楚竹書》

　　如圖，在《性情論》簡 40 的墨鉤是劃在竹簡的上半部。或更仔細地說，是離竹簡的上緣往下一些的地方。而從墨鉤到竹簡的下緣，雖然有很大一塊空間絕對足以容納下其他的文字，不過一個字也沒有寫。也就是說墨鉤以下有留空白。這種現象在《性情論》的竹簡裡只有在有墨鉤的簡 40 裡面看得到。在《性情論》裡，雖然除了墨鉤以外還可以看到其他數種記號，但是沒有一個是伴隨著空白出現的。〔註6〕

　　如前述，《性情論》裡所有的拼聯組的順序是已經確定的，而且 E 的最後一塊竹簡：簡 40 也確實是在文獻的末尾。故可以將這個延伸到竹簡下緣的空白處以及墨鉤，視爲表示《性情論》整個文獻的末尾之記號。

　　另一方面，《性自命出》裡的簡 35 和簡 67 裡各有一個墨鉤。〔註7〕

圖三　《性自命出》簡 35 的墨鉤（出自《郭店楚墓竹簡》）

〔註6〕　基本上，「墨釘」可係指分句，而「墨節」則係在文意上較大的分段的時候所使用的。但是，如同《楚竹書》當中所指出的，這些記號的使用上並沒有明確且嚴密的規則。此外，李零〈上博楚簡校讀記（之三）「性情」〉（收錄於《上博楚簡校讀記》萬卷樓圖書有限公司、2002 年。以下稱〈上博楚簡讀記〉）當中，將《性情論》以墨節分成七章。然而這樣一來，各章節的長度變得相差很大，而且各章的內容也完全沒有辦法看出一個整體性。故書中對於章節究竟是否是分「章」的符號一事，還有疑問。另外，關於性情論記錄於各簡的符號以及個數等等，請參照文末的表格。

〔註7〕　〈編連與分合問題〉一篇指出，簡 46 尾的墨釘有可能是墨鉤，並將《性自命出》以墨鉤分爲上中下三篇。然而就只憑從照片來觀察的話，筆者認爲簡 49 的記號不是墨鉤，故對此不加討論。

圖四　《性自命出》簡 67 的墨鉤（出自《郭店楚墓竹簡》）

　　而《性自命出》簡 35 是屬於《性情論》裡沒有可資對應的拼聯組 II。筆者將在下一章詳細討論，拼聯組 II 很有可能不屬於《性自命出》。因為有這樣的可能性故在此不討論其墨鉤的問題。

　　剩下的《性自命出》簡 67 的墨鉤。它的位置是在竹簡的中間部份，仔細描述的話是在竹簡正中間稍微靠下面的位置。和《性情論》簡 40 的墨鉤一樣，從墨鉤開始到竹簡的下緣都留空白。

　　在《郭店楚墓竹簡》中，將簡 67 當作《性自命出》的末尾的竹簡。然而，正如之前所討論過的，在《性自命出》當中有順序未確定的拼聯組。所以有可能有拼聯組接在《性自命出》IV 的簡 67 的後面。但是因為在簡 67 的下端有一塊沒有文字的空白，如果在後面還有接其他的文字的話，就會變成連續的文字列中間夾著一塊空白。因為這是很不自然的，所以可以將這種可能性排除而不加以考慮。故，《性自命出》的墨鉤和《性情論》的墨鉤一樣，都是表示文獻結尾的記號。

　　若是兩文獻的墨鉤都是表示文獻的結尾的話，位於兩文獻的結尾的拼聯組就分別會是《性自命出》IV 和《性情論》E。而《性情論》E 的文字列和《性自命出》III 對應，《性自命出》IV 的文字列與《性情論》C 對應。所以說兩文獻的末尾的拼聯組是不一樣的。

　　經由以上的考察之後，如果將《性自命出》II 不納入考慮的話，文獻全體

的排列順序，從開始到最後排下來可能會是「Ⅰ・Ⅲ・Ⅳ・Ⅴ・Ⅵ」或是「Ⅲ・Ⅰ・Ⅳ・Ⅴ・Ⅵ」兩者其中一個。Ⅰ的部份由三十三片竹簡組成，佔了文獻全體份量的約略一半左右。不過如後面將敘述地，其開頭的地方闡述整篇論點的基礎，所以，筆者認爲，會和《郭店楚墓竹簡》書中所復原過的本文一樣，Ⅰ應該是在整個文獻的開頭處。所以文獻全體的拼聯組順序可推斷爲「Ⅰ・Ⅱ・Ⅳ・Ⅴ・Ⅵ」。

相對地，《性情論》的拼聯組的順序雖然已經確定爲是「Ａ・Ｂ・Ｃ・Ｄ・Ｅ」。但是如果將《性自命出》中相對應的拼聯組依照這個順序排列的話，會變成「Ⅰ・Ⅳ・Ⅵ・Ⅴ・Ⅲ」，由此可以看到兩文獻拼聯組排列順序的差異。

那麼，這樣的差異對於內容本身會造成什麼影響呢。

筆者的看法是，拼聯組順序的差異對於內容幾乎沒有造成什麼影響。這與兩文獻的構成問題有關。筆者認爲，《性自命出》Ⅰ・《性情論》Ａ的開頭部份敘述整篇文獻的基本理論。〔註8〕

（1）01 凡人唯（雖）又（有）眚（性），心亡奠志。足（待）勿（物）而句（後）复（作），足（待）兌（悅）而句（後）行，足（待）習而句（後）02 奠。惪（喜）蕜（怒）㤅（哀）悲之㡿（氣），眚（性）也。及亓（其）見於外，則勿（物）取之也。眚（性）自命出，命03 自天降。（《性自命出》）

（2）01 凡人唯（雖）又（有）生（性），心亡正志■。寺（待）勿（物）而句（後）乍（作），寺（待）兌（悅）而句（後）行■。寺（待）習而句（後）奠■。惪（喜）蕜哀悲之炁（氣），眚（性）也■。及丌（其）見於外，則勿（物）取之 02 也。眚（性）自命出，命自天降■。（《性情論》）

雖然人都具備有「性」，然而其心並非天生就能「奠志」（《性自命出》）或是具有「正志」（《性情論》）〔註9〕。人並不是憑著生下來就具備的天生能

〔註8〕 以下，《性情論》本文的引用，基本上依據《楚竹書》的釋文。而標點，墨釘等等問題和註一相同。

〔註9〕 《性情論》簡01的「正志」有可能與《性自命出》的「奠志」音相通。但是，同樣在《性情論》的簡01當中有「寺（待）習而句（後）奠」一句，也有可能《性情論》當中「奠」與「正」是有分別的。因此，在此照原文以「正」之義解。

力就能夠赴於「善」。人，首先接於外界事物並接受其影響，而後感受並學習到「悅」的感情程度。並且更進一步習慣於這個過程，據此才有辦法定其「志」並且赴於「善」。人所具有的感情的「氣」是原本的東西，也就是「性」。而喜怒哀悲等感情的「氣」是透過外界的物而作動並展現出來於外界。人的「性」，是從「天」的「命」來的。人做善行的基本根源就是來自於天。

如前述，《性自命出》I 和《性情論》A 的開頭裡面，包含了像是人道德行為的實踐必須與外物接觸，人的道德行為之根源是透過「性」而歸於「天」等的思想。這些原理性思想在這一部分集中在一起敘述。

《性自命出》I 和《性情論》A 接下來的部份出現像是「情」、「詩」、「書」、「禮」、「樂」、「聖人」、「君子」、「聲」這些概念。並且說明了「詩書禮樂」與「聖人」的關係，「情」與「禮」的關係，「君子」與「情」以及「聲」與「情」的關係等等。不過這些大致上都是對各個觀念分散地講述，在內容上並非緊密地接合在一起。

如此，在兩文獻其他的拼聯組當中也可以看得到個別地，分散地描述的傾向。像是《性自命出》II 裡的「喜」、「慍」；《性自命出》III 和《性情論》E 裡的「學者」、「樂」、「義之方」、「人之方」等等；《性自命出》IV 和《性情論》B 裡的「情」、「民」、「交」等；《性自命出》V 和《性情論》D 裡的「悅」「交」「父兄」等等；以及；《性自命出》VI 和《性情論》C 裡面的「君子」、「志」、「禮」等等都是。雖然每個拼聯組當中講述了許多關於這些諸多概念的事情，卻沒有緊密地結合彼此的論證開展。以致於每個拼聯組的內容組織極為鬆散。此外，各個拼聯組之間連接的部份也看不出有緊密的論證上的相接。而且，兩文獻在整體看來雖然明確地看出傾向於重視「性」與「情」等人的內面，但是在文獻整個內容上，卻缺乏明確的論證展開。

是故，筆者以為，《性自命出》與《性情論》兩者皆是以條列的方式陳述許多論點，但是以全體而言卻沒有緊密的結構。〔註 10〕如此，使得即使拼聯組的順序彼此不同，兩文獻之間仍看不出有主張上的重要差異。

以上是針對兩文獻的拼聯組排列順序不同之考察。得出兩文獻彼此的拼聯組排列順序確有不同，然而由於文獻本身並沒有那麼整體緊密的構造，所

〔註10〕李零在《郭店楚簡校讀記（增定本）》（北京大學出版社、2002 年）以及〈上博楚簡校讀記〉當中， 主張兩文獻是以「凡」字開頭的「鬆散的單章」而成。但是，若靠「凡」字來分章，則會發現各章的字數多寡差異極大。特別是長章節當中，內容相當地鬆散且找不出一個主旨，故筆者對此感到疑問。

以這樣的不同在內容方面幾乎沒有造成影響。

下一節將討論關於在《性情論》中沒有和《性自命出》II 相對應的文字列的問題。

第三節 《性自命出》II 存否的問題

上博楚簡是經由盜墓而挖掘的。而且在本稿執筆之時，其內容也尚未完全公開。是故，關於在《性情論》裡究竟是否原來包含著和《性自命出》II相對應文字列的問題很難立刻就下定語。

《性自命出》II 是由 30 個文字和 10 個重文記號所組成。相當於《性情論》裡的一片竹簡所記載的份量〔註11〕。假設它是記載在兩片竹簡上的話，《性自命出》II 的文字會到第二片竹簡的上半部就結束了。可以推測說，在這之後一直到竹簡的下緣會是一段沒有記載文字的空白。否則就是在這之後還有在《性自命出》裡面未出現的文字列。從兩文獻之間的對應關係來看的話，筆者認為這裡有《性自命出》裡沒有的文字列的可能性是非常低的。不過無論如何，理論上也有可能與《性自命出》II 相對應的文字列本來在《性情論》裡也存在過，只是後來殘缺了。像這樣的可能性也應該納入考慮。

若是假定本來在《性情論》裡有和《性自命出》II 對應的文字的話，那麼這個文字列的位置應該是在哪裡呢？由於《性情論》的拼聯組的位置都已經確定了，所以不可能會在這些拼聯組的中間。而且由於從《性情論》和《性自命出》的對應關係看來，《性情論》的竹簡排列是妥當沒有問題的，所以也可以排除會夾在 A 到 E 拼聯組的文字列中間的可能性。所以說，如果存在有與《性自命出》II 相對應的文字列的話，它只能存在《性情論》的開頭否則就是結尾。

但是正如之間所說過的，《性情論》末尾的簡 40 上有墨鉤的記號，而且從這個墨鉤開始到竹簡下緣有一段沒有字的空白。若是說在這之後還有與《性自命出》II 相對應的文字列的話，會變得很不自然，故我們可以排除此種可能性。

若是將與《性自命出》II 相對應的文字列想做是位在文獻的開頭的話，如果此文字列是由兩片竹簡所組成而且第二片竹簡的下半部是沒有文字的空

〔註11〕請參照文末的表。

白，那在這之後又接《性情論》A 的文字。換句話說，在此文字列和《性情論》A 中間夾著一塊空白。這樣的情形也不自然，故還是可以排除這種可能性。

　　所以，與《性自命出》II 相對應的文字列可能是記載在一片竹簡上，或是與另外未出現在《性自命出》中的文字列一起記錄在兩片竹簡上，而且出現在《性情論》的開頭。只有這種情形，才能有在《性情論》中與《性自命出》II 相應的文字列之可能性。

　　但是從內容來看，筆者認爲這種可能性還是幾乎沒有。在此舉出《性自命出》II 的全文如下：

　　（3）34恵（喜）斯惛_（惛，惛）斯奮_（奮，奮）斯羕_（咏，咏）斯猷_（猷，猷）斯迬（舞。舞，）恵（喜）之終也。恩（慍）斯慐_（憂，憂）斯戜_（戚，戚）35 斯難_（歎，歎）斯柰_（辟，辟）斯通_（踊。踊，）恩（慍）之終也。∟

　　在《性自命出》II 當中敘述「喜」和「慍」的兩種感情，個別從人的內部而生，並且至於「喜之終」以及「慍之終」的境界。也就是說，「喜」有「惛」、「奮」、「咏」、「猷」、「舞」；關於「慍」則有「憂」、「戚」、「嘆」、「辟」、「踊」等的階段而且是一步步地發展的。不過它則完全未提及爲何將「喜」和「慍」的階段視爲問題〔註12〕。

　　與此相對地，如前文所述，《性情論》A 開頭，將「性」、「心」、「物」、「天」、「命」五者相關連起來，而且是論述文獻全體理論基礎的部份。因此，講述特定的「喜」、「慍」這些感情的個別問題之《性自命出》II 的文字列如果直接接在《性情論》A 的開頭是不自然的。再者，《性情論》A 的敘述中「性」具有「喜怒哀悲」之氣而在此包含著「喜」但卻沒有「慍」。在兩文獻中，只有《性自命出》論及「慍」。從這樣的現象也可以看到，《性自命出》II 的文字列直接接在《性情論》A 的文字列的看法是很難成立的。所以，在《性情論》中應該沒有與《性自命出》II 相當的文字列。

　　如果說與《性自命出》II 相當的文字列，在《性情論》當中原來沒有的話，那麼十分可能《性自命出》II 也就不是《性自命出》的一部份。如同前

〔註12〕關於這一部份的內容等，請參照：丁原植《性自命出》篇解析〉（收錄於《儒家佚籍四種釋析郭店楚簡》台灣古籍出版有限公司、二〇〇〇年。）如同書中所述，這部份與《禮記‧檀弓下》的一部份類似。但是《禮記‧檀弓下》的記述是設定爲子游與有子之間對於「喪之踊」的對話。

文所述，《性自命出》II 與前後的拼聯組的順序是尚未確定的，是故，《性自命出》II 也就不能夠斷定其一定是《性自命出》的一部份。

而且，《性自命出》II 當中有 30 個文字和 10 個重文記號。如此頻繁地使用重文記號的現象，《性自命出》其他的地方也沒有出現。故在文體方面與其他拼聯組就有了相當的差異。這個事實乃暗示《性自命出》II 並不是《性自命出》的一部份〔註13〕。

此外，從郭店楚簡所囊括的文獻竹簡的形制；即從竹簡的簡長，編錢的數量，編線的間隔，竹簡兩端的形狀來觀察的話《成之聞之》、《尊德義》、《六德》、《性自命出》等四份文獻的竹簡形制是共通的〔註14〕。而且郭店楚簡所出土的郭店一號墓在發掘調查之前已經受過兩次的盜墓，甚至我們不能否定還有其他與《性自命出》等四份之形制相同的竹簡文獻存在的可能性。因此《性自命出》II 的簡 34 與簡 35 很有可能是屬於《性自命出》之外的文獻的一部份。

至此，筆者對於與《性自命出》II 相當的文字列於《性情論》中不存在問題做了一番考察。得出的結論是《性自命出》II 的文字列本來在《性情論》中並不存在，而且《性自命出》II 本身就很可能不是《性自命出》的一部份。在次章，筆者將對於兩文獻間字句異同之問題作探討。

第四節　字句異同之問題

要討論兩文獻之間字句的異同，必然會接觸到文字的隸定以及解讀的問題。然而對於所謂楚系文字的各個文字仍然存有不少問題。藉著內容幾乎相同的兩文獻《性自命出》與《性情論》之間的對照比較，在解決這個問題方面確實極有助益，然而如詞以一來問題會牽涉到相當廣的範圍，其檢討作業也會變得極為煩瑣。是故筆者在此先將各個文字的隸定與釋讀的問題讓給別稿討論，而把分析的對象限於兩文獻整體上看來明顯可見的字句異同的問題。

兩文獻之間明顯可見的字句異同部份，除了《性自命出》II 以外，還有一

〔註13〕 參照：丁原植《楚簡儒家性情說研究》（萬卷樓圖書有限公司、2000 年，以下稱《性情說研究》）。對於《性自命出》II 的文字列，丁先生指出：「郭店間此一部份，當屬此篇資料流傳中不同文本的增添。」

〔註14〕 參照：《郭店楚簡校讀記》

部份的文字列在《性自命出》裡存在但是卻沒有出現在《性情論》中。首先對只在《性自命出》裡出現的文字列作檢討。

（4）06〔凡人〕唯（雖）又（有）眚（性）心弗取不出。凡心又（有）志也，亡與不〔作。人之不可〕07蜀（獨）行，獸（猶）口之不可蜀（獨）言也。牛生而倀（長），𪊨（鷹）生而戔（呻），亓（其）眚（性）〔然。人生〕08而學或叓（使）之也。08凡勿（物）亡不異也者。剛之桓也，剛取之也。柔之09約，柔取之也。四海（海）之

（5）36心爲難，從亓（其）所爲，丘（近）得之壴（矣），不女（如）以樂之速也。37唯（雖）能亓（其）事，不能亓（其）心，不貴。求亓（其）

（6）51句（苟）又（有）亓（其）青（情），唯（雖）未之爲，斯人信之壴（矣）。

（7）「55昏（聞）道反下＿（下，下）交者也。」或是「56昏（聞）衕（道）反上＿（上，上）交者也。」

（8）67孝＿（君子）身以爲宝（主）心。

（4）是《性自命出》I 的一部份。關於這個問題，《楚竹書》當中，簡03和簡04中間推測有兩枚竹簡殘缺，故《楚竹書》根據《性自命出》將文字列增補上去。確實《性情論》簡03和簡04接續起來的話會有意思不通的現象。而且，《性情論》當中，竹簡一枚約記錄41字至31字左右不等〔註15〕。而在這部分當中《性自命出》裡有，在《性情論》裡卻闕如的文字數量，大約佔了《性情論》兩枚竹簡的份量。由此可見《楚文書》當中的判斷應該是妥當的。

（5）是屬於《性自命出》III 的部份，而其字數爲30字，大致上和《性情論》的竹簡一枚所記載的文字數相同。而且，假設有一枚記有與（5）相同的文字列在《性情論》簡31與簡32中間存在的話，兩文獻的文字列就會完全一致。故，可以推測，《性情論》簡31與簡32的中間，缺了一枚記有與（5）幾乎相同文字列的竹簡。

〔註15〕　請參照文末的表。

但是《性自命出》文中，在此有「凡學者隶（求）兀（其）」的文字，之後則是「心又（有）為（偽）也」的文字。也就是說，「求其心」相同的一句在前後出現了兩次。而這兩句的中間夾著的部份卻在《性情論》脫逸欠如。由此可以推測，之所以這一部份會在《性情論》裡不存在，有可能是因為抄寫的時候抄寫者看前面的「求其心」而與後面的「求其心」混淆，結果看漏了中間的文字列。〔註16〕。

（6）與（7）皆屬於《性自命出》IV。（7）的部份由於《性情論》簡25的上部有殘缺，故有兩種可能性。不過「聞道反上」、「聞道反下」、「聞道反己」的三對組合當中，在「上」或是「下」的地方抄寫者可能抄誤，結果造成了文字的欠落。

但是，《楚竹書》的編者認為，《性情論》簡25與簡26之間應存在一枚竹簡，並且其上應記有「昏（聞）道反上、上交者」一句。而李零先生對於這個殘缺的竹簡，判斷其應是包含了《楚竹書》附一的殘簡2的左半部以及殘簡3的右半部的文字。應該是（6）以及（7）所包含的「〔也〕。不知己者不怨人，苟有其情，雖未之為，斯人信之矣、██未言〔而信也。聞道反上，上交者也〕。」的文字列。由於《楚竹簡》所記載的照片裡無法確認殘簡的文字，故無法決定。而筆者認為李零的說法應該是大致上正確〔註17〕。

如上所述，關於《性自命出》裡出現但是在《性情論》當中未出現的文字列的問題，不能否認有可能是誤寫。但大致上大部分應該是由於竹簡的殘缺而生的。然而，依舊也有僅只以竹簡的殘缺仍不足以解釋的字句異同。

（8）是《性自命出》全體的結尾的部份。至於這一句，不可能在《性情論》當中會有竹簡的殘缺現象。雖然這會有因為單純的筆誤所造成的缺落，這一句位在《性自命出》的最後面，講述「君子」身為理想的努力目標，以及「君子」應有的境界。這一句即可看作是這份文件的最後並且總結的部份。

〔註16〕丁先生在《性情說研究》一書中主張「單純從二者文句比較，上博簡似有脫漏。但若就文意的表達來看，上博簡的思想似更為精要清晰。若上博簡不是抄寫脫漏，則二者可能分屬不同文本。」如下所討論，兩文獻確實可分屬不同的系統。然而對於《性情說研究》所提及的這部份，筆者認為是因為有殘缺簡，抑或是由於抄寫錯誤所造成的。

〔註17〕若根據李零先生的主張，在《性自命出》IV與在《性情論》B和句（6）相連接的、前後的文字列會變成不同，而且《性自命出》IV與在《性情論》B的文字列也會發生有一部份相異的情形。請參照〈上博簡校讀記〉。此外，至於其他殘簡的問題，在此先不作判斷。

故也可能是原本沒有，後來被添加上去作爲文獻的總結句，也有可能是這段
文字本來有，後來由於拼聯組的順序變動，結果不是接在文末，所以被刪掉
了〔註18〕。

　　其它，接下來所舉出《性自命出》Ⅵ 和《性情論》C 各自的前半部可以
見到，有幾句只在《性自命出》裡出現，另外又還有幾句只在《性情論》裡
出現。也就是說字句之間有相當程度的差異。其文字異同如下：

（9）62 身谷（欲）寈（靜）而毋訦，慮谷（欲）囦（淵）而毋偽，63
行谷（欲）惥（勇）而必至，宙（貌）谷（欲）壯而毋果（拔），谷
（欲）柔齊而泊，悳（喜）谷（欲）智而亡末，64 樂谷（欲）睪
（懌）而又（有）志，思（憂）谷（欲）僉（儉）而毋惛，悲（怒）
谷（欲）涅（盈）而毋齋（希），進谷（欲）孫（遜）而毋攺（巧），
65 退谷（欲）惥（肅）而毋巠（輕），谷（欲）皆慶而毋偽。（《性
自命出》）

（10）27 凡身谷（欲）寈（靜）而毋遑（動），甬（用）心谷（欲）悳（德）
而毋苟（德），慮谷（欲）囦（淵）而毋異■。退谷（欲）緊而毋巠
（輕）28□谷（欲）□而又（有）豊（禮），言谷（欲）植（直）
而毋滵（流），居仇（處）谷（欲）將（逸）葛（易）而毋曼（慢）
■。（《性情論》）

若將兩者作比較，首先開頭的「凡」字在雖在《性自命出》當中未見，這應
僅是單純的誤寫。問題在於其接續的部份，筆者將「凡」字去除後，由排列
來對比（9）與（10）的句子相對應的部份。（表二）

表二　《性自命出》Ⅵ・《性情論》C 前半部對應表

《性自命出》	《性情論》
甲：身欲靜而毋訦	a：身欲靜而毋動
	b：用心欲德而毋憑
乙：慮欲淵而毋偽	c：慮欲淵而毋異
丙：行欲勇而必至	
丁：宙欲壯而毋拔	

〔註18〕在《性情說研究》中丁先生主張：「郭店簡似對原有資料加以增補」。

戊：　欲柔齊而泊	
己：喜欲智而亡末	
庚：樂欲懌而有志	
辛：憂欲儉而毋惛	
壬：怒欲盈而毋希	
癸：進欲遜而毋巧	
子：退欲肅而毋輕	d：退欲緊而毋輕
丑：欲皆覆而毋憍	
	e：□欲□而有禮
	f：言欲直而毋流
	g：居處欲壯逸易而毋慢

　　就這一部份來說，《性自命出》的部份由 12 句所組成，而《性情論》的部份則由 7 句所組成。這些句子的句型基本上是由「……欲……而毋（或是「有」「亡」）……」所構成。但是《性自命出》的丙、戊、丑的部份則和這種句型不太相同。再說兩文獻的句子裡面，表現以及內容大致吻合的僅僅只有甲與 a、乙與 c、子與 d 等三處。其它幾句在另一邊的文獻裡都沒有相對應的句子〔註 19〕。

　　既然在大部分的句子的句型上都是大致上共通，而且雖然只有僅僅三組，然而這兩份文獻之間還是有幾乎完全一致的句子，故這個部份在整體來看應該視爲是相互對應的。不過，句子的數目有相當的出入，而且有多數的句子只存在《性自命出》或是《性情論》其中一邊。這樣的相異處要全部都視爲是抄寫的筆誤的話，未免太過牽強。筆者以爲，這恐怕是因爲兩文獻所依據的文本原先就有出入而出現的現象。

　　以上，筆者對於存在於《性自命出》以及《性情論》之間明顯的字句異同問題做了一番討論。由此可導出的結論是，有許多文字列在《性自命出》裡有但在《性情論》裡沒有，是由於《性情論》的竹簡有所殘缺所造成的。但也有單單以誤寫或是文獻殘缺仍無法說明的例子。而這種兩文獻之間的差異應該是由於這兩份文件所根據的原始文本不同所造成的。

〔註 19〕在《上博楚簡校讀記》中，廖先生主張，《性情論》b 與《性自命出》甲對應、《性情論》e 與《性自命出》癸 對應。但是從句型來看的話，筆者以爲，還是《楚竹書》作者的看法比較妥當，即：《性情論》b 與 e 在《性自命出》當中不存在。

第五節　《性自命出》與《性情論》的關係

在本節，將以之前所討論的結果爲前提，更進一步討論《性自命出》與《性情論》之間的關係。

《性自命出》與《性情論》之間所存在的字句相異的大部分可能是因爲《性情論》的竹簡有殘缺而造成《性自命出》裡有出現的文字列卻在《性情論》中未出現的現象。另外，《性自命出》II 的文字列在《性情論》中未見之理由在於，這一部份的文字列本來就不存在於《性情論》當中。甚至於，《性自命出》II 可能本身即非《性自命出》之一部份。

據此，若將《性情論》當中由於竹簡殘缺所造成的文字脫落的部份以《性自命出》補遺，並將《性自命出》II 自《性自命出》一文除去，則兩文獻的文字是幾乎重複的。是故，《性自命出》與《性情論》本來即爲內容相同之文獻。筆者認爲，應將兩文獻稱呼作同一名稱。

然而，在兩文獻出現的字句異同當中，確實有單單以竹簡的殘缺或是書寫的錯誤仍難以解釋的部份，不僅如此，還有的地方是，縱使兩文字列的內容幾乎相同，但包含其文字列的拼聯組卻確實出現不同順序的狀況。

由此筆者推測此種差異所產生的原因並非兩文獻之間的關係是抄寫繼承，而是兩文獻各自所抄寫的原文本就已經有了不同。況且無論是已出土的《性自命出》或者是《性情論》任一方都幾乎不可能是這篇文字的最原始文件。故《性自命出》與《性情論》應是，各自都經過了反覆抄寫而形成之不同系統的兩份文本〔註20〕。

在出土文獻當中，與已經流傳的文獻之間大都有各種字句上的相異。而且文字的順序與篇的順序有常常出現不同的現象。像是馬王堆漢墓帛書的《老子》甲・乙本，銀雀山漢墓竹簡的十三篇《孫子》以及郭店楚簡與上帛楚簡的《緇衣》皆是眾所周知的例子。還有馬王堆帛書的《五行篇》與郭店楚簡的《五行篇》之間，也有一部份文字列的順序不同。

從這樣的現象來看，即使是同一個文獻的《性自命出》與《性情論》之間存在如此多樣的不同，仍然不是特別奇怪的現象。從戰國時代以至於秦漢之間，同一份文獻有幾種文字列順序之類不同的版本，寧可說是理所當然之事。而且應將其視爲當時文獻的一種現象。

〔註20〕關於此點，在《性情說研究》中丁先生亦指出「兩者抄寫所據的文本不同。」

結　語

　　以上，本章針對《性情論》與《性自命出》的關係，以其形式面爲中心作比較及檢討。得出此兩文獻應是屬於兩個不同系統的文本之看法。

　　郭店一號墓的建設時期於戰國中期的後半，推測應爲公元前 300 年左右〔註21〕。故《性自命出》隸屬的郭店楚簡應在這之前便已成書。雖然上博楚簡所提供的線索不多，然而已被推定是在西元前 278 年楚國遷都前造好的墓所出土的緣故，其最晚應是於戰國中期時抄寫的文獻〔註22〕。

　　在幾乎同一時期而有兩種不同系統文本的存在，則等於表示其原本應在更早以前便已成立。因此可以確定，《性自命出》與《性情論》的原本應在戰國中期更早前便已成文。

　　若是如此，以《性情論》A 和《性自命出》I 的開頭爲例，可見這兩者所共同講述關於，人的「性」是由來自「天」之「命」的看法，以及關於「性」與「物」的思想等，皆是在戰國中期前便已存在。而這兩文獻在思想史上的地位，筆者將其視爲未來所要研究的課題。

別表　《性情論》竹簡的情況

竹簡番號	簡長（cm）	字數	合文數	重文數	墨釘數	墨節數	墨鉤數	簡首	簡尾	完全的簡
01	55.4	41			4			○	○	○
02	49.0	33	1	4				×	×	
03	52.3	34			1			×	○	
04	51.3	30			3			×	×	
05	54.7	29			2			×	○	
06	57.2	33			5			○	○	○
07	37.2	22			2			×	×	
08	54.5	32			2			○	○	○

〔註21〕　請參照：湖北省荊門市博物館〈荊門郭店一號楚墓〉（收錄於《文物》1997年第 7 期）；以及崔仁義〈荊門楚墓出土的竹簡《老子》初探〉（收錄於《荊門社會科學》1997 年第 5 期）。

〔註22〕　請參照：馬承源〈前言：戰國楚竹書的發現保護和整理〉（收錄於《楚竹書》）；以及〈馬承源先生談上博簡〉（收錄於上海大學古代文明研究中心、精華大學思想文化研究所共編《上博館藏戰國楚竹書研究》世紀出版集團、上海書店出版社、二〇〇二年）。此外，對於戰國時代的時代區分上海博物館採用「早期」與「晚期」的二分法。

09	57.2	31		1	2			×	○	
10	57.2	31		1				○	○	○
11	53.7	29			3			×	○	
12	54.6	30	1		1			×	○	
13	49.5	27						×	○	
14	49.8	29			1			×	○	
15	41.7	21						×	×	
16	44.8	28			1			×	×	
17	21.9+20.8	25			2			×	○	
18	54.3	31			4			×	○	
19	54.3	33		1				×	×	
20	56.0	33						○	○	○
21	50.5	29				1		×	×	
22	52.2	23						×	×	
23	52.2	33			1			×	○	
24	57.2	34			1			○	○	○
25	50.4	30			2			×	○	
26	18.0+38.8	37						○	○	
27	54.2	32			1			×	○	
28	57.1	33	1	2	2			×	○	
29	55.0	33		3	2			×	○	
30	55.0	34			2			×	○	
31	54.1	35				1		×	○	
32	24.3+9.8	21			1			○	×	
33	42.6	29			2			○	×	
34	32.9+1.2	30			2			×	×	
35	45.0	26			1	1		×	○	
36	54.5	33			2			×	○	
37	55.4	38		3	1			×	○	
38	54.0	47		1	3			×	○	
39	54.0	48		1	2	2		×	○	
40	56.5	4					1	×	○	

　　本表乃是以《楚竹書》的記述爲基本而作成的。此外、「簡首」「簡尾」欄當中的、○所指的是完整的或是大致上完整的意思，×則是指有殘缺的狀況。

第五章　郭店楚簡《性自命出》、上博楚簡《性情論》之性說

序　言

　　1993 年，在湖北省荊門市郭店一號墓出土之郭店楚簡中，囊括有記載著關於「性」之種種思想儒家系統古佚文獻，故取名爲《性自命出》。其後於 1994 年，上海博物館在香港文物市場購買之上博楚簡中，亦發現該文獻上包含著與《性自命出》重複的內容，故稱之《性情論》。雖因茲兩種文獻均無篇題，而由其整理者各自取暫稱，但由於其內容幾乎重複，所以基本上兩者爲同一文獻。

　　然而，經更詳細的對比後，就會發現兩文獻於文字列之聯組順序部分不同，且亦存在有非因竹簡殘缺或書寫錯誤導致的相異字句。因此，同樣於戰國時代中葉（西元前 343～282 年）書寫之《性自命出》與《性情論》，自此可察覺兩者的關係乃屬不同系統之兩種文本，其成立時間推測可追溯至戰國初葉（西元前 403～343 年）前。因此於兩文獻上所述及種種圍繞「性」之思想，應已存在於戰國初葉以前〔註1〕。

　　一直以來，針對戰國時代爲檢討性說而提出的資料，幾乎限於《孟子》、《荀子》、《莊子》等傳世文獻。但由於出現了《性自命出》與《性情論》之性說，我們獲得了傳達戰國時代初葉以前關於「性」的思想資料之書寫，且

〔註1〕　參見拙稿〈郭店楚簡《性自命出》と《性情論》との関係〉收入《日本中國學会報》第 55 集（東京：日本中國學，2003 年），頁 1～14。

有兩種文本。所以於此論探討《性自命出》與《性情論》之性說，並針對兩文獻性質及戰國時代儒家性說之說法，擬試加以若干考察。

第一節　於《性自命出》與《性情論》開頭之性說

於本節，首先考察於《性自命出》與《性情論》開頭部分敘述之性說。兩文獻該所載文章如下〔註2〕：

（一）

《性自命出》

01 凡人雖有性，心亡奠志。待物而後作，待悅而後行，待習而後 02 奠。喜怒哀悲之氣，性也。及其見於外，則物取之也。性自命出，命 03 自天降。道始於情，情生於性。始者近情，終者近義。知〔情者能〕04 出之，知義者能納之。

《性情論》

01 凡人雖有性，心亡正志■。待物而後作，待悅而後行■。待習而後奠■。喜怒哀悲之氣，性也■。及其見於外，則物取之 02〔也。性〕自命出，命自天降■。道始於情，情生於性■。始者近情■，終者近義■。知情者能出之，知義者能內〔之〕。

凡人雖有「性」，而心並非奠定之志向。人及於外物且受其影響後得以發作，心裡通暢後才能行動，再加調習後方能奠定。人之喜怒哀悲等情感，為人性原備之本質，此些情感呈現於外，乃因及於外物受其作用。「性」自命而生成，命由天本身之自然運作而產生。人道由人情之發起而才可作用，人情由「性」此人之本質而成生。人道始源近於人情，其終則近於人義。通達人情者能發起人道，通達人義者能容納其完全。

於《性自命出》與《性情論》開頭部分展開如此主張。人均有「性」，其本來自天命而起，人應當實踐之道的原始，則是自「性」產生的人情。因此，人之道德行為的根據，通過「性」而最後歸於天。在此認為，基本上所有人

〔註2〕以下基本上《性自命出》之引文，據荊門市博物館編《郭店楚墓竹簡》（北京：文物出版社，1998 年）之釋文，《性情論》之引文，據馬承源主編《上海博物館藏戰國楚竹書（一）》（上海：上海古籍出版社，2001 年）之釋文。另外，關於異體字，兩者均盡量改為通行自體，並有部分以私見修改之處，避免煩雜，省略註解。

其內在均有實踐道德行為之能力，此乃是以天保證的。

　　然而，人並非靠著天生就具備的東西，就能自動或必然赴向善性。人之情感顯發時，有所謂「物取之」，意即必須受外物之作用。人之所以赴向善性，乃基於「性」受外物之作用所致，也就是說後天對人的作用是必要的。

　　至此，可知《性自命出》與《性情論》的開頭部分，乃重視「性」、「情」於人之內在，並緊密結合「天──性──情──道」之關係，且人為赴向善性，則來自外物的作用是不可缺少的。以上確認的思想內容，為兩文獻所載針對「性」思想之基本結構。次節擬對於《性自命出》與《性情論》另處所述之「性」思想加以檢討。

第二節　於《性自命出》與《性情論》之性說內容及結構

　　在《性自命出》與《性情論》中，關於「性」思想之敘述，多集中在下列延續資料（一）後的文字。首先為方便起見，將這部分的內容分為六項，條列如下。

（二）

《性自命出》

　04 好惡，性也。所好所惡，物也。善不〔善〕，〔性也〕。05 所善所不善，勢也。

《性情論》

　02〔好〕03〔惡，性也。所〕好、惡，物也。善不善，性也。所善所不善，勢也。

（三）

《性自命出》

　05 凡性為主，物取之也。金石之有聲，〔弗考不〕06〔鳴。凡人〕雖有性心弗取不出。凡心有志也，亡與不〔作。人之不可〕07 獨行，猶口之不可獨言也。牛生而長，〔雁〕生而伸，其性〔然。人生〕08 而學或使之也。

《性情論》

　03 凡性為主，物取之也■。金石之有聲也，弗扣考不鳴。

（四）

《性自命出》

08 凡物亡不異也者。剛之桓也，剛取之也。柔之 09 約，柔取之也。四海之内其性一也。其用心各異，教使然也。

《性情論》

04……〔之〕内，其性一也。其用心各異■，教使然也。

（五）

《性自命出》

09 凡性 10 或動之，或逆之，或交之，或屬之，或出之，或養之，或長之。凡動性 11 者，物也；逆性者，悦也；交性者，故也；屬性者，義也；出性者，勢也；養性 12 者，習也；長性者，道也。

《性情論》

04 凡性，或動之■，或逆之■，或交之，或屬之，或出〔之，或養〕05〔之〕，或長之■。凡動性者，物也■；逆性者，悦也；交性者，故也；屬性者，義也；出性者，勢也。06 養性者，習也■；長性者，道也■。

（六）

《性自命出》

12 凡見者之謂物，快於己者之謂悦，物 13 之勢者之謂勢，有爲也者之謂故。義也者，群善之蕰也。習也 14 者，有以習其性也。道者，群物之道。

《性情論》

06 凡見者之謂物■，囿於其者之謂悦■，物之勢者之謂勢■，有爲也 07〔者〕之謂故■。義也者，羣善之蕰也。習也者，有以習其性也■。道也〔者，群物之道。〕

　　於資料（二）述及：人具有好惡情感，乃來自於「性」之作用。好惡情感均由外在事物啓發。再提到：人對善不善之判斷的動作來自於「性」之作用，對對象行使善惡的判斷則是來自情勢。據資料（六）所述「物之勢者之謂勢」者，即可說明人判斷善或不善，乃源於人性受到外物作用的情勢。意即，「性」之作用有善不善，「性」本身則並無善不善之差異。情勢對「性」

之作用爲善，「性」便反映而發動性善行，於是其作用爲惡，「性」反映而發動性惡行。

資料（三）中，首先透過樂器之比喻來說明：爲發揮人所既有之道德行爲的能力，其「性」必須受到外物的作用。也就是說，編鐘或磬等以金屬或石頭做成之樂器，乃是因人打擊方發出各種聲音，而不打擊則不發出任何聲音。人之「性」亦不會自己起發善行，而是透過「物取之」，從而「性」受到外物作用，才實現善行。

接著又說，爲奠定或發動人之志赴向善，必須有外物作用這點，恰好與人們發出語言，必須要有他人存在相同。接著說到，牛聲如長綿，鴈聲如呻吟〔註3〕，各均爲其「性」所致，但人生來進行學習這件事本身，並非僅靠人力自身即可成就，更得憑藉他者〔註4〕。

資料（四）說的是：個體之存在之所以各自不同，或有剛或有柔，是因該主體受到外物之剛硬或柔軟的影響才導致如此。於是「四海之內其性一也。」，本來人性均爲相同。現實中之所以人各自用心不同，情向亦均不同，乃是由於外物後天性的教化、影響纔造成的。

資料（五）則提及，「物、悦、故、義、勢、習、道」對「性」產生了諸如「動、逆、交、屬、出、養、長」等各種不同的作用。這些均可認爲是人爲實踐道德行爲所必須之要件。

對於「習」之定義可見於資料（六）。所謂「習」者，即「習其性」，意思就是指某種慣習附加至「性」。

以上，茲對於接續資料（一）之後的文獻進行探討。其接續部分可見之關於「性」的思想。資料（二）至（六）之思想，均有與資料（一）論述之性說有共同之處。尤其對「性」與物的關係，所有資料中俱有言及：「性」受外物作用，從而產生教化，對人之內在形成變化。這些資料均以此思想爲基礎。

〔註3〕 其解釋尚未有定說。如丁原植氏於其著作《郭店楚簡儒家佚籍四種釋析》釋爲「牛的本性是體形碩大，雁的本性是脖子長而可伸」（台北：台灣古籍出版，2000年），頁35。
〔註4〕 於資料（三）述說牛與鴈之部分是於《性自命出》自第07簡末至第08簡，但於第07簡末尾殘缺，文字上亦有脫落。再說，符合部分不存在於《性情論》。認爲於《性情論》繼續第03簡之部分脫落兩條竹簡，符合部分正包含於其處。因此釋讀甚爲困難，但於此姑且如此解釋。

　　話雖如此，於《性自命出》、《性情論》中，關於「性」之整體思想並非緊密構成。資料（一）至（六）之內容，大體上具有連續性，在分量上也集中到某種程度，但於其相關部分未明確開展理論，其關聯性本身亦可見不少不明之處。譬如資料（一）中，對「性」產生作用這部分，提出了「物——悦——習」等各階段，而於資料（五）中則說，針對「性」受到「物、悦、故、義、勢、習、道」的作用，分別引起了名為「動、逆、交、屬、出、養、長」等不同的結果。資料（一）所含的三階段，均囊括於資料（五）中，故該兩種資料整體上確實具有共同思想。但同時資料（一）所未包含之要素卻多見於資料（五），其事亦確鑿。兩種思想雖可承認具有共通基本結構之思想，卻不容易看出其整體的結構有系統化，且保持高度的整合性。

　　因此，對《性自命出》、《性情論》中關於「性」的一些思想論述，應當視為其一面保持著某種關聯性，另一面則維持著理論不緊密的結構，將文章逐條般地羅列出來。

　　兩文獻之性說整體上構成並不緊密，亦非那麼一致。這種情形亦出現於其他關於「性」之思想的部分。

（七）

《性自命出》

　　29 凡至樂必悲，哭亦悲，皆至其情也。哀、樂，其性相近也，是故其心 30 不遠。

《性情論》

　　17 凡 18〔至樂〕必悲，哭亦悲，皆至其情也■。哀、樂，其性相近也■。是故其心不遠■。

（八）

《性自命出》

　　38 如，義之方也。39 義，敬之方也。敬，物之則也。篤，仁之方也。仁，性之方也。性或生之。忠，信 40 之方也。信，情之方也。情出於性。

《性情論》

　　33 詘，義之方也■。義，敬之方也■。敬，物之則也。篤，仁之方也。仁，性之方也。性或生之。〔忠，信之方也。信，情之方〕34

〔也。〕情出於眚（性）■。

（九）

《性自命出》

51 未言而信，有美情者也。未教 52 而民恆，性善者也。未賞而民
勸，含福者也。未刑而民畏，有 53 心畏者也。賤而民貴之，有德者
也。貧而民聚焉，有道者也。

《性情論》

22 未言而信，有美情者也。未教而民恆，性善者也。〔未賞而民勸，
含福者也。〕23〔未刑〕而民畏，有心畏者也。賤而民貴之，有德
者也。貧而民聚焉，有道者也■。

資料（七）中提及，人面對情感至極時，必然驚恐而致悲哀，哭泣即以
悲傷，其均至於真情。哀、樂之情感，其「性」相近，故其用心彼此亦不遠。

接著於資料（八）論述對「如──義──敬──物」、「篤──仁──性」
及「忠──信──情──性」之間的相互關係。其中，對仁稱為「性或生之」，
又說「情出於性」，仁及情是被視為源於「性」而生成的〔註5〕。

資料（九）載有「未教民恆，性善者也」，說明執政者尚未對人民施行教
化，人民卻保持恆常「性」，乃其「性」為善之故。由於後續可見褒揚或刑罰
的施行，與民眾對此的反應等字句，所以於此可知「未教」、「性善者」的主
詞都可明確地看出是指施政者。所謂「性善」這件事，並非先天成就，而可
想作是後天因素才達致「性善」的。

相對於資料（一）至（六）於整個文獻開頭接續出現的情況，資料（七）
至（九）則收錄於與前述資料有段距離之處，且缺乏連續性。該內容雖並未
與資料（一）至（六）相矛盾，但其如何與前部理論相互接續、結合這點則
尚未明朗。

換言之，與資料（七）中的「哀」、「樂」對比，資料（一）上則舉出人
之情感為「喜怒哀樂」，從而可見「哀」、「悲」對比。另外該處還對於其所從
出之對象為何，聚焦在「氣」，而非在「性」。關於資料（八）的部分，「情出
於性」之思想亦存在於資料（一），可知這兩者雖具強烈共通性，但在此處一
直反覆提及的「方」之思想，卻完全不存在於資料（一）到（六）中。又，

〔註5〕參見註解1。

於資料（九）中，可見性爲善之論述，但於資料（一）至（六）內，並未能見到人之「性」本身爲善不善之思想。

由此可以這樣理解：整體來說《性自命出》與《性情論》此兩篇文獻對「性」之思想的關聯較爲舒散，理論結構並不緊密，細部整合性也還不明朗。

筆者於此先對兩文獻進行比較，提出兩文獻中各種差異之處〔註6〕。茲兩文獻除了存在有非因竹簡殘缺或書寫錯誤導致的相異字句，且文字列之聯組順序上亦見懸殊。《性自命出》與《性情論》雖然竹簡聯組順序不同，仍在各自維持其原形的狀態下保有彼此共通之處，是這樣一種並未緊密構成之文獻。

據以上現象可以推斷：兩種文獻關於「性」之思想，之所以整體上並非緊密構成，是因爲《性自命出》與《性情論》可能原爲記述儒家某學派內部各種被討論的思想理路，以其本身爲目的而成立的一種內部文件。正因如此，文獻中對「性」的思考，即使不具備如其他學派提出主張時被要求之系統性，亦不構成嚴重的問題。

第三節　於《性自命出》與《性情論》對戰國性說之影響

於本章所要探討的是：在《性自命出》與《性情論》所見之性說，若於戰國時代初葉以前既已存在，那麼應該如何重新看待戰國時代之性說。

首先，應考察戰國時代性說蓬勃發展的時期。諸子百家頻繁論述性說的時期，今日多認爲是在戰國中葉以後。也就是說，在孔子時代尙屬單純階段的性說，逐漸於戰國時代中葉迅速發展，接著孟子或告子等許多思想家，各自積極地論述性說，其後又有莊子後學或戰國末葉之荀子受戰國中葉之思想動向，發展出屬於其自身的獨特之性說，這是大略可歸納出來的情形。關於「性」之言論，在《論語》上幾乎見不到，而於《孟子》、《莊子》〈外篇〉、〈雜篇〉及《荀子》等流傳於戰國中葉以後之思想文獻，才出現了大量相關的記載。若僅依靠《論語》、《孟子》、《荀子》以及《莊子》等傳世文獻，並參考

〔註6〕金谷治氏於〈楚簡《性自命出》篇の考察〉收入《日本学士院紀要》第五十六卷第一号（東京：日本学士院，2004年），頁21～38，將重點放在「天命」之《中庸》及其放在「情」或「物」世界之《性自命出》，指出：「於思想之基本立場上具有差異。」又對《性自命出》之資料性質述説：「可説成爲於整體作成編成書之過成中東西，的確合適。」

其論述之性說後，得到這樣的結論，可說是理所當然的。

　　然而，當《性自命出》與《性情論》出土，即表明性說在戰國時代初葉前已成立。其主張是重視人之「性」或「情」等內在，將「天──性──情──道」直接連結，同時指出當人赴向善性時，不可缺乏外物作用。若果如此，性說展開之時期，就不是戰國中葉，而屬戰國初葉以前，意即較孟子更早的時代。

　　事實上關於此狀況，可以想作此內容已為《論語》所揭示。《論語》中，孔子直接講到「性」的言談，只見於有名的「孔子曰：『性相近也。習相遠也。』」（〈陽貨篇〉）而已。於〈公冶長篇〉：「子貢曰：『夫子之文章，可得而聞也。夫子之言性與天道，不可得而聞也。』」據此可以推斷，在《論語》中孔子極少於言談中提及「性」，而當初孔子自己原本就已很少提到關於「性」的事。

　　據「性相近也。習相遠也。」之說法，孔子將人後天性之學習及先天性之本性作對比，認為人其存有狀態之不同，乃歸因於後天性之學習，人之本性原本則無太大差距。接著再看這句，於〈陽貨篇〉的「子曰：『唯上知與下愚移。』」據此，可知孔子並非認為所有人都具有相同實踐善行的能力，而承認人的本性彼此有相當的差距。

　　再據「子曰：『天生德於予，桓魋其如予何？』」（〈述而篇〉），根據人其實踐道德之行為的動機，孔子似乎將之歸於天。然而，《論語》中並沒有直接言及天與「性」之關係的言談。而若孔子確實沒提到「性與天道」，那這件事也不足為奇。

　　要從片段性的《論語》記述來窮究孔子性說的詳細情形雖不可得，但孔子既親口言及關乎「性」之議論，表示孔子的時代確實已存在「性」之概念，況且對於孔子的「性」說，在其言談中，確實還是有不少值得認識的概念。

　　再說，據〈公冶長篇〉中子貢所說的話，可推測孔子本人如何理解「性」，對子貢等數位孔子直傳弟子而言，是他們非常關心的事。他們對此之所以有這麼高度的關心，恐怕是因孔子卒後，他們對性的理解仍停留在十分早期的階段。孔子時期之性說，即使沒那麼細緻，但從孔子直傳弟子對「性」抱以高度關心的情形來看，即可推測此時各種相關論述已開始進展的可能性很高。《性自命出》與《性情論》之性說，應認為是這些孔子後學對此提高關注的過程中所成立的說法之一。

　　於是可以推估，《性自命出》與《性情論》之性說，與孔子之性說應當具

有關聯性，且其更可被想作是據孔子的性說而加以推演開來的。在《性自命出》與《性情論》中，參見資料（四）「四海之內其性一也。其用心各異，教使然也。」於此提及各個人之用心狀態，非為天生「性」之差異，而是受到後天性教化之差異而形成的。此思想，可從《論語》中孔子唯一提及的「性相近也。習相遠也。」此說法中窺得其共通性。另外，《性自命出》明確主張人之「性」，但人之道德行為根本畢竟於天，此思想亦可於《論語》中窺見。由以上幾處，可見《性自命出》與《性情論》之性說，基本上是以孔子之性說為基礎加以演繹的。

另一方面，根據《性自命出》與《性情論》之性說，可見將「天——命——性」結合之思想顯然於戰國初葉以前就存在。《性自命出》與《性情論》的開頭部分，就提到「性自命出，命自天降。」明確承認「人之『性』原由天命」此一思想。如此承肯「天——命——性」之思想，與《禮記》〈中庸篇〉開頭所述「天命之謂性」一語中的思想幾乎相同。而《性自命出》與《性情論》所載「道始於情，情生於性。」此句，表示道之原始本於「性」。而此亦可從〈中庸篇〉「率性之謂道」看出類似的思想。是故，《性自命出》、《性情論》及《禮記》〈中庸篇〉之性說，其思想基礎可視為具有共同性〔註 7〕。原本今人多認為，從〈中庸篇〉開頭所說結合「天——命——性」之思想，是進入戰國末葉，或至西漢時代才初次出現的。然而，由於《性自命出》與《性情論》的出土，「人之『性』原由天命」此一思想，顯然是在戰國中葉以前就已存在。至此，已完全不必考量結合「天——命——性」之思想是至戰國末葉或進入西漢才成立的了。

《郭店楚簡》與《上博楚簡》中，各囊括有與《禮記》〈緇衣篇〉似乎相同之文獻內容，同時在上博楚簡中，與《禮記》〈孔子間居篇〉極為相似的內容又被包含在《民之父母》內。據此情況，可知西漢後葉戴聖所編纂之《禮記》（《小戴禮記》）四十九篇，或戴德所編纂的《大戴禮記》八十五篇當中，確實含有戰國中葉以前所成立之複數篇章。現階段雖還沒有〈中庸篇〉確切成立時期的可靠證據，但可推測〈中庸篇〉於戰國中葉以前既已成立之可能性是十分高的。

然而，從郭店楚簡、上博楚簡中所含之《緇衣》，與通行的《禮記》〈緇衣篇〉之間的關係看來，若〈中庸篇〉於戰國中葉以前已成立，其開頭語「天

_____

〔註 7〕 原檔缺漏，請補齊。

命之謂性」或「率性之謂道」，仍可能原不存在於戰國中葉階段之文本。意即，郭店楚簡、上博楚簡之之《緇衣》與《禮記》〈緇衣篇〉，除了篇章排列大不相同外，《禮記》〈緇衣篇〉第一章所言「子言之曰：『爲上易事也，爲下易知也，則刑不煩矣。』」之句，並不存在於郭店楚簡、上博楚簡之《緇衣》。《禮記》〈緇衣篇〉之後章均以「子曰」爲開頭，針對這些記述形式不同之處，可認爲其後來被附加之可能性極高。《禮記》〈中庸篇〉亦只有第一章記述形式與後章不同，所以與〈緇衣篇〉同樣，其開頭章仍具有後來被附加上之可能性。當然，若〈中庸篇〉第一章是後來被附加之部分，仍可說明「人之『性』原由天命」之思想，於戰國中葉以前確實存在，此事可從出土的《性自命出》與《性情論》看出。

最後，於《性自命出》與《性情論》所記述之性說，包含有可進展至孟子性善說或荀子性惡說的要素。據此，亦可認爲《性自命出》與《性情論》，很可能對於戰國中葉以後之儒家性說給予巨大的影響〔註8〕。也就是說，孟子主張人其道德行爲之實踐，乃根據於人內在的「性」，又說「知其性，則知天矣。」（〈盡心上〉），而承認「性」與天的聯繫關係。而《性自命出》與《性情論》，明確認定「人之『性』原由天命」，又爲人應當實踐之道的原始歸於人之「性」，這也就是說，比起認爲所有人之「性」皆相同，更應該認爲所有人之「性」是其內在做爲實踐道德行爲之根據。這兩種性說，基本上都將「性」視爲是與天有聯繫之對象，且亦認爲人之「性」內含有其道德行爲之根據，從這兩處可以認定這兩者具有共同性。

另一方面，《性自命出》與《性情論》之性說，亦具有與《荀子》性惡說類似之處。於《性自命出》與《性情論》，人在遂行其道德行爲時，單靠「性」是不可得的，而外物的作用又是不可缺乏的。荀子亦稱，人要爲善行，須得「師法之化，禮義之道」。人並非單靠「性」就能自動且必然地遂行善舉，若不加以後天性地導正，便不得成其善行。於此，兩者的性說可知具有強烈共通性。

戰國初葉以前就已成立之《性自命出》與《性情論》性說，與孟子性善

〔註8〕　末永高康氏與仁內義外說之關係爲中心，對於《性自命出》之性說加以檢討。參見〈仁內義外考──郭店楚簡孟子仁義說〉收入《鹿兒島大學教育學部研究紀要》第 54 卷（鹿兒島：鹿兒島大學教育學部，2003 年），頁 1～22、〈「性」即「気」──郭店楚簡《性自命出》の性說〉收入《鹿兒島大學教育學部研究紀要》第 51 卷（鹿兒島：鹿兒島大學教育學部，2000 年），頁 13～32。

說、荀子性惡說均有共通之處，可說在戰國時代，此思考對於儒家性說的發展極為重要。不管是孟子還是荀子，都是先以各自的立場接受了前代的儒家思想後，再巧妙地改編而生成性善說或性惡說的。

這邊讓人聯想到的，是由荀子主張，眾所周知的「天人之分」。以往多認爲「天人之分」是荀子獨特之思想。但因郭店楚簡《窮達以時》的出土，其開頭即可見到「有天有人，天人有分。」，而可知天與人間存在「分」之構思本身，顯然於戰國中葉以前既已存在。但更進一步地看，《窮達以時》之「天人之分」所主張「賢者是否被承認於世，取決時勢推移，即使爲賢者，未遇適當時機，仍無法發達。」這件事，其思想與荀子所主張的，否定人格神之天對人類社會治亂之干預這一部分，在內容上有大不相同之處。然而，天與人之間存在「分」此一構想是共通的。因此可想作是荀子針對儒家「天人之分」的構想進行改編後，建構了自己的思想。事實上也可認爲在性說的發展過程中，發生了與此情況相同的事件。

結　語

於孔子時代，由於斷片而仍停留在單純階段的儒家之性說，可以想作是經由孔子直傳弟子等人之發展後，方形成如《性自命出》與《性情論》中所見之性說。戰國時代初葉，可以推測當時仍存有各種依照不同模式進行發展且紛紛成立的多種性說。這些理論吸收了先代的儒家性說後，又由孟子、荀子等戰國中葉以後之儒家們進一步加以構築。而儒家以外之思想家應該也對此造成了不小的影響。這樣地去對整個戰國時代開展的性說加以再次檢討，擬作爲今後課題。

第六章 《容成氏》中有關身心障礙者 之論述

序 言

　　1994 年遭盜掘出土而被販售於香港骨董市場的大量竹簡，被上海博物館所收購。這些以稱爲楚系文字的古文字所記載的竹簡資料，與同樣也以楚系文字所記載、出土於 1993 年的郭店楚簡，皆出土於戰國中期楚國貴族之墓。因此，這兩部楚簡中所包含之文獻，可認定爲確實存在於戰國中期以前的資料。〔註1〕

　　在出土的古佚文獻當中，找到不少在傳世文獻當中所看不到的思維。上博竹簡中屬於儒家古佚文獻之一的《容成氏》，其中也可看到關於身體障礙者的特殊思維。〔註2〕因此，本章將針對《容成氏》中有關身體障礙者之特殊思

〔註1〕　有關郭店楚簡、上博楚簡，參考戰國楚簡研究會（淺野裕一、湯淺邦弘、福田哲之、竹田健二、菅本大二）《戰國楚簡研究の現在》（《中國研究集刊》別冊《新出土資料上中國思想史》第 33 號，2003 年）。因上博楚簡出自盜掘，所以沒有關於出土地等可靠資料。但依中國科學院上海原子核研究所進行的碳 14 年代測定，其書寫是西元前 373～前 243 年。（《上博館藏戰國楚竹書研究》〔上海：上海書店出版社，2002 年〕所收〈馬承源先生談上博簡〉之記述爲依據）。而曾任上海博物館館長的馬承源先生，在《上海博物館館藏戰國楚竹書（一）》（上海：上海古籍出版社，2001 年）的〈前言：戰國楚竹書的發現保護與整理〉中，在僅以情況推測而沒有事實確證之下，認爲上博楚簡與郭店楚簡可能出自同一墓地。雖然馬先生的說法極爲撲朔迷離，但也暗示著這兩部竹簡不僅是在字體上，在出土地點等方面上也有很大的關連。
〔註2〕　關於〈容成氏〉，參照了註1《戰國楚簡研究の現在》所收的淺野裕一：〈上博

維加以考察，並對其在思想史上的定位做一番檢討。

第一節　《容成氏》之理想統治與身體障礙者

在《容成氏》當中有兩個地方談論到身體障礙者。首先，看看其中之一，整部文獻開頭的部分。《容成氏》是以下面的記述開始的：〔註3〕

00【昔者訟（容）成是（氏）、□□是（氏）、□□是（氏）、□□是（氏）、□□是（氏）、□□是（氏）、□□是（氏）、□□是（氏）、□□是（氏）、□□是（氏）、□□是（氏）、□□是（氏）、尊】01 膚（盧）是（氏）、薔（赫）疋（胥）是（氏）、喬結是（氏）、倉頡是（氏）、軒緩（轅）是（氏）、軝（神）戎（農）是（氏）、樟～是（氏）、墉遷是（氏）之又（有）天下也，皆不受（授）亓（其）子而受（授）叞（賢）。亓（其）悳（惪）酋清，而上悉（愛）02 下，而一亓（其）志，而寑亓（其）兵，而官亓（其）才（材）。

〔註4〕

上古以來，天下由容成氏以降等眾多的帝王所統治，這些上古的帝王把天下「皆不授與其子而授賢」，亦即把帝王的位子禪讓給賢者而不世襲。帝王的德行清廉，對下位者仁慈，與民同心一志，不採取軍事行動，選賢與能，施行偉大的統治。

在《容成氏》中，身體障礙者最初出現在下述的部分：

02 於是虖（乎）唫（喑）聾執燭，椙（矇）戝（瞽）鼓惡（瑟），

楚簡《容成氏》，及淺野裕一：〈孔子は《易》を學んだか？——新出土資料古代中國思想史再檢討——〉（《圖書》第656號，2003年）。又，從淺野氏於2003年12月28日在臺灣大學所舉辦的「日本漢學的中國哲學研究與郭店、上海竹簡資料國際學術交流會議」中所發表的〈在上博楚簡《容成氏》中的禪讓與放伐〉中得到許多的啓發。

〔註3〕以下來自〈容成氏〉的引文，基本上是依據《上海博物館藏戰國楚竹書（二）》中李零先生的譯文。基本上依據蘇建洲：《容成氏》譯釋〉（李旭昇主編：《上海博物館藏戰國楚竹書（二）讀本》〔萬卷樓圖書股份有限公司，2003年〕所收：）、邱德修：《上博楚簡〈容成氏〉注釋考證》（臺灣古籍出版有限公司，2003年）以及註2淺野發表的解釋，依個人淺見更改部分字句，但爲免煩雜，不逐一註記。

〔註4〕〈容成氏〉開頭的第1簡，始於「盧氏，赫胥氏」，從篇題爲「容成氏」推測，應該在第1簡之前有脫簡存在，而脫簡的部分包含有關於「容成氏」的記述，在此稱之爲第00簡。

　　㾼（跛）𡰥（躄）戰（守）門，𣏌（侏）需（儒）爲矢，長（張）
者酥（緜）尾（宅），婁（僂）者坟響，瘦（癭）03者煮盬（鹹）
尾（鹺），𧒒（疣）者鮫（漁）澤，瀟（害）弃（棄）不㢼（廢）。

在上古帝王們施行理想統治的時代裡，有各種身體障礙的庶民，不會被社會
視爲無用之人。政府讓他們任職於不受其障礙影響的職務，使之能過著安定
的生活。也就是說，讓發聲或聽覺障礙者來點燈，讓視覺障礙者來演奏琴瑟。
腿有障礙者擔任看門員，天生矮個子者擔任造箭工，腹部膨脹者擔任土地吉
凶之占卜者，背部彎曲而不能俯者則擔任天文的觀測，頸部有瘤者擔任鹽工，
身體有瘡者在池裡捕魚，人人各就其職。

　　從這些記述可以明顯看出，在《容成氏》以之爲理想的上古帝王統治中，
以官署直接雇用的方式、保障身體障礙者生活的福利政策，也明確地包含在
內。

　　接下來的部分，記載著理想的上古統治當中，也包括保護窮困民眾之生
活的政策。

　　03凡民俾（疲）敝（弊）者，𡥈（教）而慧（誨）之，歆（飲）
　　而飤（食）之，思役百官而月青（請）之。

對於生活窮困的民眾，上古帝王們會先教予技藝並訓戒他們，然後才提供食
物。此外，這些民眾當中，若有意願至官署勞動者，每個月都有申請工作的
機會。或許這是希望用月雇用制的方法，讓許多求職的窮人都可以公平分配
到工作。

　　如以上所說，在《容成氏》裡，上古帝王們所施行的理想統治之中，包
含著以身體障礙者或生活窮困者爲對象的各種各樣之福利政策。身體障礙者
之福利政策被編入於上古偉大的帝王施行的所謂「仁政」之中一事，讓我非
常感興趣。因爲，如同後文所詳述，這樣的思維在傳世的先秦儒家文獻當中
幾乎看不到。

第二節　《容成氏》所記暴虐統治與身體障礙者

　　《容成氏》中另一個有身體障礙者出現的部分，是在記載商湯討伐夏桀
之過程的地方。

　　35王天下十又（有）六年而傑（桀）复（作）。傑（桀）不述亓（其）

先王之道，自爲崎。【……】36 堂（當）是旹（時），痙（強）溺（弱）不絇（辭）譹（揚），眾募（寡）不聖（聽）訟，天地四旹（時）之事不攸（修）。湯乃專（輔）爲正（征）复（籍），呂（以）正（征）闓（關）市。民乃宜肯（怨），虐（虐）疾訇（始）生，於是 37 虐（乎）又（有）詮（喑）、聾、皮（跛）、◆（眇）、痩（瘻）、宋（府）、婁（僂）訇（始）记（起）。

這個部分是在《容成氏》的第 35 簡到第 37 簡之處，特別是第 35 簡因斷裂成上下兩節，使得竹簡的接續與文字列的復原有問題。〔註5〕因此，雖然在解讀上有些許困難，其內容大致上應是如下。〔註6〕

　　自禹建立夏朝，經歷十六代之後，桀成爲天子。桀王沒有遵從先王的遺訓統治天下，反而採取一種不似人君的奇怪行徑。由於桀王沒有因應實情採取公平的統治，使得天下大亂。湯輔佐桀王，製作課稅用的帳簿，對關口的通行或市場的買賣進行課稅。對於桀王如此殘酷的統治，民怨漸起，嚴重的疾病因此開始爆發與流行，以至於產生了聾啞者或行動不便者、盲者、頸部長瘤者、駝背者、脊椎彎曲者等。

　　依照傳世的儒家文獻中的記載，開創殷朝的湯，通常被認爲是古代聖王之一。〔註7〕但是在這個部分，湯因爲企圖倒桀而設計陰謀，一面假裝輔佐桀王，一面爲了降低桀王評價而故意助長其惡政。在《容成氏》中，湯並不是被描述爲施行理想統治的人物。

　　《容成氏》中對於湯加以否定性的描述，與此文獻主張禪讓是最理想之王位繼承方式的基本立場有關。也就是說，《容成氏》因爲肯定禪讓而否定討伐，才會給予討伐桀王的湯很低的評價。

　　這個部分描述桀王的惡政因爲湯之陰謀而變本加厲，疾病開始在怨聲載

〔註5〕　註3 的蘇建州〈《容成氏》譯釋〉，把斷裂的第 35 簡之下部放在第 03 簡與第 04 簡之間等等，對竹簡的排列加以變更。
〔註6〕　在這部分的解釋，從註2 之淺野發表中得到許多靈感。
〔註7〕　例如在《論語》有如以下的論述：子夏曰：「富哉言乎！舜有天下，選於眾，舉皋陶，不仁者遠矣。湯有天下，選於眾，舉伊尹，不仁者遠矣。」（〈顏淵〉）；而在《孟子》中也有以下的論述：「文王何可當也，由湯王於武丁，聖賢之君六七作。」（〈公孫丑上〉）。孟子曰：「禹惡旨酒，而好善言。湯執中，立賢無方。文王視民如傷，望道而未之見。武王不泄邇，不忘遠。周公思兼三王以施四事；其有不合者，仰而思之，夜以繼日；幸而得之，坐以待旦。」（〈離婁下〉）。

道的民間流行，因而產生了許多身體障礙者。就如先前描述般，《容成氏》中，在上古聖王的統治之下，身體障礙者也能夠不遭廢棄而謀生。此外，在《容成氏》裡也描述暴虐政治導致民不聊生，這樣的民怨正是造成產生許多身體障礙者的原因。

從這些主張當中，似乎可讀出將統治之善惡與身體障礙者連結的思維。也就是說，在《容成氏》中，對於社會上處於最弱勢的身體礙障者之福利，正是顯示當時的統治是善政或惡政的指標。

雖然《容成氏》中也有說明堯與舜如何治國的部分，但是其中對於身體障礙者完全未提及。也就是說，把古代帝王的統治成敗與身體障礙者之處境作連結的思維，在《容成氏》中只不過是部分地提及罷了。《容成氏》中身體障礙者之福利，僅止於是顯示帝王統治狀態的種種社會現象之一。

以上論述存在於古佚文獻《容成氏》中，將古代帝王之統治與身體障礙者之福利作一連結的思維。接下來，探討《容成氏》中這樣的思維與傳世儒家文獻之間的關係。

第三節　傳世儒家文獻中對於身體障礙者之福利政策

雖然儒家古佚文獻《容成氏》中可見古代帝王的統治與「聾」、「跛」、「癭」、「僂」等身體障礙者之福利相結合的思維，但這樣的思維在傳世儒家文獻《論語》、《孟子》、《荀子》中卻無跡可尋。

最先，《孟子》裡有福利政策包含在古代帝王的統治中的說明：

> 王曰：王政可得聞與？對曰：昔者文王之治岐也，耕者九一，仕者
> 世祿，關市譏而不征，澤梁無禁，罪人不孥。老而無妻曰鰥，老而
> 無夫曰寡，老而無子曰獨，幼而無父曰孤。此四者，天下之窮民而
> 無告者。文王發政施仁，必先斯四者。（〈梁惠王下〉）

從齊宣王與孟子之問答中，可看出《孟子》裡古代聖王之一的周文王之仁政，是給與人民生活之保障，而沒有對人民課重稅或施行嚴罰之情形。特別值得注意的一點是，對於老而無妻的鰥者、老而無夫的寡者、老而無子的獨者、幼而無父的孤者等無依無靠的「天下之窮民」，文王重視這些人並且優先實施福利政策。〔註8〕

〔註8〕　在《尚書·大禹謨》中有舜的發言：「（堯）不虐無告，不廢困窮」。

就如先前《容成氏》中所說，「凡民俾者，教而誨之，飲而食之，思役百官而月請之。」古代帝王為了安定困苦窮人之生活而施行福利政策。因此，在《孟子》與《容成氏》當中，皆有描述到古代聖王之治都有福利政策的這一個共同點。

雖然如此，相對於《容成氏》中將帝王統治與身體障礙者福利有所結合，《孟子》所描述的文王之治中，卻完全沒有關於身體障礙者的言論。這是因為《孟子》理想之治的福利政策當中，並沒有包括關於身體障礙者的政策。

此外，在《孟子》中也看不到暴君虐政下產生身體障礙者並使之增加的說法，因為《孟子》中原本就不存在將帝王統治與身體障礙者作結合的思維。

這裡特別值得注意的是《禮記》。《禮記·王制》中有以下的記載：

> 少而無父者謂之孤。老而無子者謂之獨。老而無妻者謂之矜。老而無夫者謂之寡。此四者，天民之窮而無告者也。皆有常餼。瘖、聾、跛、躃、斷者、侏儒、百工，各以其器食之。

在這裡記載著有虞氏、夏后氏、殷、周之時代關於禮的情形，對於少而無父者（孤）、老而無子者（獨）、老而無妻者（矜）、老而無夫者（寡），贈與食物，安定其生活。而瘖、聾、跛、躃、斷者、侏儒等身體殘缺者，則由政府指派適合其能力的角色，保障他們的生活。也就是說，古代聖王，如同《孟子》所描述的文王之治一樣，不只對於無夫婦關係或親子關係之「窮而無告者」實施福利政策；對於身體障礙者，也指派不受其殘障影響之職務來保證其生計。由此可看出，《禮記·王制》中存在著將古代聖王之治與身體障礙者之福利相結合的思維，特別是對於身體障礙者，考量其障礙情形之後由官署加以雇用之點，可說與《容成氏》有很大的共通性。

而在《禮記·禮運》中，也有把古代聖王之治與身體障礙者之福利相結合的思維存在：

> 大道之行也，天下為公，選賢與能，講信修睦，故人不獨親其親，不獨子其子，使老有所終，壯有所用，幼有所長，矜寡孤獨廢疾者，皆有所養。

在古代，聖王實行偉大之道時，天下是屬於公眾的。君王選用品德高尚的賢者與有才幹者，講求誠信，對民親切和睦。因此人們不單單是以自己的親人為親，不單單是以自己的兒子為兒子，而是像對待自己親人一樣來對待他人的親人，像對待自己的兒子一樣來對待他人的兒子。拜聖王之治所賜，老人

得以安享天年，年青力壯者得以好好工作，年少者得以健康的成長，連無夫婦關係或親子關係者、「廢疾」等身體障礙者，生活都有所保障，不至於貧困。

　　就如《禮記》〈王制〉和〈禮運〉所記載，古代實行理想統治的帝王，不僅對於「窮而無告者」有對應的政策，也施行以身體障礙者為對象的政策。〔註9〕就古代帝王的理想統治與身體障礙者之福利相結合的思維存在其中之點而論，《禮記》這兩篇與《容成氏》之間具有共通性。

　　戰亂不絕的春秋戰國時代，許多身體障礙者因對富國強兵沒有任何貢獻而遭遺棄，陷入悲慘的困境。以這樣的情況來看，即使對於身處社會弱勢的身體障礙者，也充分保障其生活，此點確實可成為理想統治的象徵。《容成氏》或《禮記》〈王制〉和〈禮運〉，一致地記載對於身體障礙者之福利政策，似乎也是基於這樣的觀點。而古代烏托邦的「共生」觀念（在古代的共同體裡，身體障礙者也能被分派且扮演適當的角色，成為共同體的一員），也可能存在於其背景中。

　　郭店楚簡與上博楚簡中有與《禮記・緇衣》幾乎一樣的文獻，而上博楚簡中也有與《禮記・孔子閒居》幾乎一樣的文獻〈民之父母〉。再者，雖然在本文撰寫時還沒有被公開，上博楚簡中也有相當於《大戴禮》〈武王踐阼〉、〈曾子立孝〉之文獻。因此雖然《禮記》或《大戴禮》諸篇的成立時期，向來被認為是秦漢以後，但是隨著郭店楚簡、上博楚簡的出土，這樣的定論有必要重新檢討，也就是說至少〈緇衣〉或〈孔子閒居〉的成立時期，必須溯至戰國中期以前。

　　至於《禮記》〈王制〉、〈禮運〉，現今還沒有發現相當於楚簡資料的文獻。雖然如此，這兩篇與《容成氏》有下述的共通點：在古代的理想統治裡，不僅考慮到「窮而無告者」，也包括以身體障礙者為對象的福利政策。這樣的共通點，在考量《禮記》〈王制〉與〈禮運〉之性質與成立時間的問題上，有著非常重要的意義。〔註10〕這兩篇在戰國時期既已存在的可能性非常高。

〔註9〕　《禮記・問喪》中有如下關於身體障礙與禮之規範的言論：「禿者不免，傴者不袒，跛者不踊，非不悲也，身有錮疾，不可以備禮也。」此記述之前提中，可能存在著身體障礙者與統治情形相關連的思維。

〔註10〕　《禮記》〈王制〉與〈禮運〉向來被認為成立於漢初，例如武內義雄先生對於〈王制〉（《武內義雄集》第三卷〔角川書店，1979年〕所收的〈禮記的研究〉），有如以下的說法：「由漢初應是文帝時的學者所編輯，在研究漢初政治思想上，是一個非常有趣的題材。」，且對於〈禮運〉也有如以下的說法：「出於

在《容成氏》中，存在所謂暴君虐政下產生身體障礙者且數量增加的思維。《容成氏》以對照的方式比較賢能君主之治與暴虐帝王之治，從中可看出身體障礙者之福利是衡量當時是善政或惡政之重要指標。

相對的，在《禮記》〈王制〉、〈禮運〉，雖有寫到古代帝王對於身體障礙者所實施之福利政策，但卻沒有關於暴虐統治產生身體障礙者之記載。且在《禮記》其他諸篇當中，也看不到這種把暴虐統治與身體障礙者的產生作結合的思維。因此，可以說，身體障礙者之福利是衡量統治成敗的重要指標之一。這種思維在現今的傳世儒家文獻中仍未見到，可說是《容成氏》獨特的思維。

《容成氏》中對於身體障礙者的獨特思維，可說是以前面所述春秋戰國時期之社會實況──身體障礙者之悲慘處境為前提，一方面對身體障礙者存著否定的看法，另一方面卻又認為身體障礙者也是社會成員之一，原本就有其應扮演之角色。尤其是後者，與慎到之思想或《荀子》之「分」思想有相通之處。關於這些問題之剖析，將成為日後之研究課題。

結　語

上博楚簡與郭店楚簡一樣，出土於戰國中期所造之楚國貴族墳墓，而《容成氏》已知是在戰國中期以前確實存在且流傳的文獻之一。因此，其成立時期應該可以追溯至戰國初期。假使真是如此，存在於《容成氏》中認為身體障礙者之福利是衡量統治成敗的一種重要指標之特殊思維，在戰國初期或戰國初期之前即可能存在。

這種特殊思維存在於戰國時期一事，只以傳世文獻為對象的研究無法說明，而在上博楚簡《容成氏》的研究中首度獲得解釋。這種特殊思維的存在，對於向來不明的《禮記》諸篇之性質或成立年代等問題，提供了重要的解答線索。

這說明了以上博楚簡為首的戰國楚簡研究，是了解中國古代思想史不可

荀子以後的編輯」（〈禮運考〉〔《支那學》二卷 11 號，1922 年〕。之後收錄於《武內義雄全集》第三卷）。板野長八先生對於〈禮運〉的成立時期，在《岩波講座世界歷史（四）》（岩波書店，1970 年）中也有如下的說法：「完成於董仲舒後，也就是昭帝時爆發鹽鐵爭論的前後」。之後收錄於《儒教成立史の研究》（岩波書店，1995 年）。

或缺的工作。新出土資料的發現，今後肯定會持續下去。中國古代思想史的
修正檢討，暫時也還不能鬆懈。

第七章　上博楚簡《愼子曰恭儉》
文獻學的特徵

序　言

　　上博楚簡《愼子曰恭儉》篇是馬承源主編《上海博物館藏戰國楚竹書（六）》（上海古籍出版社，二〇〇七年七月）公布的古佚書文獻之一。本章擬就其中《愼子曰恭儉》篇內容進行分析，并對其文獻學特徵加以論述。

　　正式討論之前，首先立足本篇釋讀者李朝遠氏所撰《説明》與釋文，略加己見，就本篇相關基本訊息略作介紹。

　　本篇殘存竹簡六枚。字數合計共一百二十七字，含合文一字。李朝遠氏則謂合文二字、字数合計一百二十八字，以爲其中第 5 簡誤奪一合文符號。實則第 5 簡中之例非合文符號誤奪，故本篇合文僅第 6 簡一見而已。

　　《愼子曰恭儉》篇之篇題爲第 3 簡簡背所記。此篇題與第 1 簡起始部分五字完全相同。

　　又六簡簡長約爲 32cm 至 21.4cm。六簡的竹簡下部皆殘，均屬殘簡。又，李朝遠氏以第 1 簡爲「完簡」，然據照片，該簡下端亦有殘缺。其殘缺部分是否曾有文字不明，但相比第 1 簡上端至第一契口長約 7.8cm，第二契口至竹簡下端則長 6.1cm，短 1.6～1.7cm 距離。據此推測，殘缺部分或許有一字。

　　編繩兩道。簡端平齊。竹簡上端與第一字之間幾乎皆不留白。

　　李朝遠氏指出，本篇竹簡契口數比編繩數多，且編繩部分疊於竹簡文字之上，此或許因廢簡再利用之故，有待今後研究。李朝遠雖然並未明言具体所指爲何簡，今據放大彩色照片可知，第 6 簡第一、第二編繩部分確實有多

個契口存在。又第 5 簡・第 6 簡第一編繩部分痕跡正在各自文字正上方位置。

第一節　《慎子曰恭儉》篇訓釋

　　本節略示筆者對《慎子曰恭儉》之解釋。因本篇不僅皆屬殘簡，且有脫簡之可能性，故此，本篇文獻所屬六簡之連接極難確定。為是之故，下文盡從李朝遠氏原釋文所列竹簡順序，依次解釋各簡文字內容〔註1〕。

第 1 簡

【本文】慎子曰：「恭儉以立身。堅強以立志。忠質以反貞。逆友以載道。精瀣以巽藝。□〔註2〕

【現代語譯】慎子嘗如是言。（對於他者）謙恭而謹慎（自己）以立身。篤定而堅強（自己）以立志。於內不斷充實以回復正道。交友以踐行為人之道。精通（禮之）規範，以通才藝……

第 2 簡

【本文】〔莫偏〕〔註3〕／焉。恭以為禮儉。莫偏焉。信以為言。莫偏焉。強以庚志。……

【現代語譯】〔毋偏〕。（對他者）謙恭以遵循禮法。毋偏。本諸內心（誠實）以為言語。毋偏。堅定無改，以續其志。……

第 3 簡

【本文】〔……〕〔註4〕／物以丕身，中處而不頗，任德以竢。故曰：「靜」。

〔註1〕　下文解釋之際，除參考李朝遠氏釋文之外，另有下記諸先行研究。陳偉《上博竹書〈慎子曰恭儉〉初讀》（武漢大學簡帛研究中心「簡帛網」、七月五日）、何有祖《〈慎子曰恭儉〉札記》（武漢大學簡帛研究中心「簡帛網」、七月五日）、劉洪濤《上博竹書〈慎子曰恭儉〉校讀》（武漢大學簡帛研究中心「簡帛網」、七月六日）、李銳《〈慎子曰恭儉〉學派屬性初探》（武漢大學簡帛研究中心「簡帛網」、七月九日）、陳偉《〈慎子曰恭儉〉校讀》（武漢大學簡帛研究中心「簡帛網」、七月十九日）。陳劍《讀〈上博（六）〉短札五則》（武漢大學簡帛研究中心「簡帛網」、七月二十日）。

〔註2〕　第 1 簡下端部分殘缺地方，可能記有一字。

〔註3〕　以句型言之，第 2 簡中反覆出現「莫偏焉。A 以為 B。」之文。因此，推測位於第 2 簡之前竹簡末尾也有「莫偏」之文。此二字雖然不排除記錄在第 1 簡殘缺的下端部分，但亦有可能是抄錄於不同於第 1 簡的其他簡，或為第 2 至 6 簡以外之脫簡文字。

〔註4〕　前揭注1中陳偉《〈慎子曰恭儉〉校讀》一文指出，位於第 3 簡竹簡末尾處，抄有以第 3 簡起始處的「物」為賓語之動詞。當然也有動詞之外否定詞存在

斷室〔註5〕……

【現代語譯】（優秀之人）與外界事物……，吸取（外物之長）爲己所
用，處於中央而不偏頗，任己德之力以俟（時運）。是故曰：
「静」……

第4簡

【本文】苟得用於世，均分而廣施，恃德而傍義，民之……

【現代語譯】若能得道爲政，（對民衆）均分（財富）而使之廣播，據
己之德而依於義，民之……

第5簡

【本文】〔……〕／祿，不繮其志，故曰：「強」。首戴茅蒲，撰筱執鉏，
脞畎傭耕，必於〔註6〕

【現代語譯】……不勉強其志。是故曰：「強」。頭帶雨具，手秉刈草之
器，并持鋤具，赴田畎耕作，必……

第6簡

【本文】踐今，爲民之故。仁之至。是以君子向方知道，不可以疑。臨
……〔註7〕

【現代語譯】……，治理民生之基礎。以此爲最高之仁。故此，君子（自
己）乃朝向正確方向，知曉當爲之道，而不疑（此）。臨……

第二節　《慎子曰恭儉》篇内容與文獻學特徵

如前揭所言，《慎子曰恭儉》篇因竹簡殘缺，且或脱簡之故，竹簡連接不
能確定。故此，其内容準確詳細把握亦十分困難。本節僅就其内容中相關特
別注目幾點略加考察，儘可能就其文獻整体特徵加以推測論述。

本篇文獻内容值得注意的第一點，在於文中多次對於人格尚未完成的人
物進行多次訓誡，并加以多重論述。

的可能，故此，整體文意難以確定。

〔註5〕關於第3簡「故曰、『静』」及第5簡「故曰『強』」，從前揭注1李鋭氏解釋。
又第3簡末尾「斷室」不明所云。

〔註6〕第5簡起始「祿」字不詳。又「首戴」以下解釋從前揭注1中陳偉《〈慎子曰
恭儉〉校讀》說。

〔註7〕第6簡起始「踐今」及簡末「臨」不詳。

第 1 簡中云「恭儉以立身，堅強以立志，忠質以反貞，逆友以載道。精法以巽藝」，這些主張當然皆是以尚未充分實現「立身」、「立志」、「反貞」、「載道」、「精法」的人物爲對象，均爲訓誡之言。第 2 簡中，規定「恭以礼爲儉」、「信以爲言」、「強以爲志」等要求，并不斷重複「莫偏」之語，嚴禁其溢於規範之外。又第 3 簡中云「中処而不頗，任德以竢」，力求處於中央位置而不偏，任己之德力，毋行過激之行爲。這些內容，同樣是對於那些尚未成熟、或行爲有偏頗之人的訓誡。

第二點，文中此類訓誡對象之人物，皆假定爲日後治理民眾之人。

第 4 簡主張「苟得用於世」，則「均分（財富）而廣施」。同第 4 簡末尾部分又有「民」字。據此推斷，此處當言如何治民之事。「均分（財富）而廣施」云云、如何治民云云、又「苟得用於世」云云，皆是指爲政者之意。

又第 6 簡中，「民」與「君子」均有。「爲民之故」，是指治理民生基礎之事；「仁之至」則於此品評甚高。因此，「君子」乃能朝向正確方向而知曉爲道之事，且於其方向、於其道堅定無疑。這一部分也是明確對於要成爲爲政者之言說。

如是所言，則第 1 簡至第 3 簡所説訓誡，也非廣義對於一般人所言內容，而是以日後要成爲爲政者的人物爲對象之論述。因此，《愼子曰恭儉》篇整體內容極有可能，就是彙集了對於要成爲爲政者的人物所作訓誡的文獻。

李朝遠氏指出該篇「似與儒家學説有關」，力避斷定之言，認爲《愼子曰恭儉》篇的內容與儒家思想有一定關聯性。誠然，《愼子曰恭儉》篇中，確有可視爲儒家言論之內容。如「恭儉」與「禮」之関係論述。李朝遠氏所指出，「儒家經典中常見裕『恭儉』一詞」，又「儒家經典中『恭』常與『禮』在一起」。其所謂儒家文獻，可略舉下文諸例，同時涉及「恭」、「儉」、「禮」等關聯性論述。

（1）有子曰：「信近於義，言可復也。恭近於禮，遠恥辱也。因不失其親，亦可宗也。」（《論語・學而》篇）

（2）滕文公問爲國。孟子曰：「民事不可緩也。詩云，晝爾于茅，宵爾索綯。亟其乘屋，其始播百穀。民之爲道也。有恆產者，有恆心。無恆產者，無恆心。苟無恆心，放僻邪侈，無不爲已。及陷乎罪，然後從而刑之。是罔民也。焉有仁人在位，罔民而可爲也。是故賢、君必恭儉禮下，取於民有制。」（《孟子・滕

文公上篇》)

（3）孟子曰：「恭者不侮人，儉者不奪人。侮奪人之君，惟恐不順
焉。惡得爲恭儉。恭儉豈可以聲音笑貌爲哉。」(《孟子·離婁
上篇》)

（4）曾子曰：「晏子可謂知禮也已，恭敬之有焉。」有若曰：「晏子
一狐裘三十年，遣車一乘，及墓而反。國君七個，遣車七乘。
大夫五個，遣車五乘。晏子焉知禮。」曾子曰：「國無道，君
子恥盈禮焉。國奢則示之以儉、國儉則示之以禮。」(《禮記·
檀弓下篇》)

（5）子贛見師乙而問焉曰：「賜聞，聲歌各有宜也，如賜者，宜何
歌也。」師乙曰：「乙賤工也，何足以問所宜。請誦其所聞。
而吾子自執焉。寬而靜，柔而正者宜歌頌。廣大而靜，疏達而
信者宜歌大雅。恭儉而好禮者宜歌小雅。」(《禮記·樂記篇》)

（6）子曰：「恭近禮，儉近仁，信近情，敬讓以行此，雖有過，其
不甚矣。夫恭寡過，情可信，儉易容也。以此失之者，不亦鮮
乎。詩曰：『溫溫恭人、惟德之基。』」(《禮記·表記篇》)

（7）子曰：「下之事上也，雖有庇民之大德，不敢有君民之心。仁
之厚也。是故君子恭儉以求役仁，信讓以求役禮。不自尚其事，
不自尊其身。儉於位而寡於欲，讓於賢，卑己而尊人，小心而
畏義，求以事君。」(《禮記·表記篇》)

（8）孔子曰：「入其國，其教可知也。其爲人也，溫柔敦厚，詩教
也。疏通知遠，書教也。廣博易良，樂教也。絜靜精微，易教
也。恭儉莊敬，禮教也。屬辭比事，春秋教也。故詩之失愚。
書之失誣。樂之失奢。易之失賊。禮之失煩。春秋之失亂。其
爲人也，溫柔敦厚而不愚，則深於詩者也。疏通知遠而不誣，
則深於書者也。廣博易良而不奢，則深於樂者也。絜靜精微而
不賊，則深於易者也。恭儉莊敬而不煩，則深於禮者也。屬辭
比事而不亂，則深於春秋者也。」(《禮記·經解篇》)

雖然如此，如上述將「恭」、「儉」、「禮」等內容進行關聯論述者，未必就是
儒家所獨有主張、儒家所特有之思考。此則參看下文所示《左傳》用例可以
確認。

（9）世之治也，諸侯間於天子之事，則相朝也。於是乎有享宴之禮。享以訓共儉，宴以示慈惠。共儉以行禮，而慈惠以布政。政以禮成，民是以息。百官承事，朝而不夕。（成公十二年）

（10）二月乙酉朔，晉悼公即位于朝。始命百官，施舍已責，逮鰥寡，振廢滯，匡乏困，救災患，禁淫慝，薄賦斂，宥罪戾，節器用，時用民，欲無犯時。使魏相、士魴、魏頡、趙武爲卿。荀家、荀會、欒黶、韓無忌爲公族大夫，使訓卿之子弟共儉孝弟。（成公十八年）

（11）二十四年，春，刻其桷，皆非禮也。御孫諫曰：「臣聞之，『儉』，德之共也。侈，惡之大也。先君有共德、而君納諸大惡、無乃不可乎。」（莊公二十四年）

據此《左傳》諸例，或可推知：治理國家、踐行禮法的爲政者應當「共儉」這一認識，在春秋時期或以降，已經在士人中成爲共識〔註8〕。

又《慎子曰恭儉》篇中所云「堅強」以及涉及「立志」之語，在《左傳》中亦可得見類似表達。

（12）爲歸汶陽之田故，諸侯貳於晉。晉人懼，會於蒲，以尋馬陵之盟。季文子謂范文子曰：「德則不競、尋盟何爲。」范文子曰：「勤以撫之，寬以待之，堅彊以御之，明神以要之，柔服而伐貳，德之次也。」是行也，將始會吳，吳人不至。（成公九年）

（13）令尹將死矣，不及三年。求逞志而棄信，志將逞乎。志以發言，言以出信，信以立志。參以定之。信亡，何以及三。（襄公二十七年）

是故，《慎子曰恭儉》篇中所言訓誡，不得將其限定成整體而言乃立足儒家立場的論述。

本節認爲，《慎子曰恭儉》篇基本上是以後日要成爲爲政者的人物爲對象的訓誡類文獻，而其中訓誡，也未必是儒家立場言論。下節繼續討論《慎子曰恭儉》篇作者及其相關成立時代問題。

〔註8〕 「恭」與「共」通。又李銳指出，「恭儉」、「中處而不頗」、「向方知道」等語廣見諸子之論，乃「公言」。參看前揭注1《〈慎子曰恭儉〉學派屬性初探》。

第三節　《愼子曰恭儉》篇的作者及其成立時代

首先，略就學界關於《愼子曰恭儉》的作者以及成立年代相關先行研究略加敘述。

《上海博物館藏戰國楚竹書（六）》負責釋讀工作的李朝遠氏認爲，《愼子曰恭儉》篇所見「愼子」爲愼到，而愼到一般認爲屬於法家。而本篇文獻內容不見現存各種版本《愼子》之中，又其內容與儒家學說相關，是故本篇文獻中「愼子」是否與傳世文獻中「愼子」爲同一人物，值得今後深入研究。

陳偉氏認爲：傳世文獻中所見「愼子」與此篇中人物非同一人物。又據本篇《愼子曰恭儉》思想內容傾向，則該文獻非愼到所作；而《愼子曰恭儉》篇作者或當嘗爲頃襄王傅之愼子。果如此，則該篇文獻當極有可能成書於楚懷王治世（公元前三二八～前二九九年）、或頃襄王即位之後、東遷之前（公元前二九八～前二七九年）、頃襄王爲太子之前的公元前三〇〇年之前時代〔註9〕。

李銳氏則指出：據本文獻体裁，或出於愼子後學之手。《戰國策》所見楚襄王傅之「愼子」，其年代與愼到相同，又重視因循之術，故此，或即爲「學黃老道德之術」學派之愼到。又據《愼子》佚文，愼子嘗習得六藝；愼到於齊甚有威信，并掌太子教育之事。因此，《愼子曰恭儉》篇可能就出自愼到後學之手，而當屬於《愼子》〔註10〕。

張崇礼氏亦基本持李銳説，以爲《愼子曰恭儉》篇爲《愼子》佚文，乃出自稷下黃老學派之手的文獻〔註11〕。

以上諸先行研究，筆者甚覺詫異。諸論述皆未能充分考察上博楚簡本身書寫年代、以及作爲陪葬的《愼子曰恭儉》篇與其原本之間関係等內容。考察《愼子曰恭儉》篇之成立時代與其作者之際，上博楚簡書寫年代當然即其下限，不當等閑視之。

眾所周知，上博楚簡根據碳14的年代測定結果，推定書寫與公元前三七三年至前二四三年。而其與郭店楚簡有一定關聯，則白起拔郢的公元前二七八年爲其下限，乃書寫於公元前三七三年至前二七八年，此後陪葬至楚貴族

〔註9〕　參看前揭注1《上博竹書〈愼子曰恭儉〉初讀》。
〔註10〕　參看前揭注1《〈愼子曰恭儉〉學派屬性初探》。
〔註11〕　參看《談〈愼子曰恭儉〉的思想屬性》（「簡帛研究網」、二〇〇七年八月二十三日）。

墓中。又須知，當原本成立後，再經抄寫直至以書本流布，仍當有一定時間間隔。故此，《慎子曰恭儉》篇原本成立時代蓋當在戰國時代前期、或上溯至在此之前。

由此視之，前揭三氏見解皆有不妥。

特別李鋭與張崇礼主張，以《慎子曰恭儉》爲出自慎子後學之手，乃《慎子》佚文。其中問題所在，乃慎到後學活動時期相關問題。以稷下學士稱名之慎到，其自身活躍的時期蓋與齊威王與宣王在位重疊，即公元前三五六至前三○一年之際。慎到歿年不詳，據錢穆《先秦諸子繫年》則推定慎到歿年在公元前二九六至二七八年前後。若從錢穆説，則慎到後學活動時期則與前揭推定白起拔郢之公元前二七八年之後、上博楚簡書寫可能時期不重合。因此，李鋭與張崇礼之見解不得成立。

又若據李朝遠氏所見，慎到歿年爲公元前三一五年，則上博楚簡書寫可能時期與慎到後學活動時期最長重合三十餘年。但若考慮到：慎到後學於其師死後寫就《慎子曰恭儉》篇尚需時日、原本成立後再經抄寫直至以書本流通亦要時間跨度、且墓主得到《慎子曰恭儉》篇後死亡也有一定時間，則《慎子曰恭儉》篇出自慎子後學之手可能性極低。

又就思想內容而言，陳偉以《慎子曰恭儉》篇思想內容而否定本篇與慎到之間關聯性，則極爲妥當。現存各種版本《慎子》究竟保存多少慎到思想固然存疑，而《慎子曰恭儉》篇與慎到思想之間關聯性考察也極爲困難。然而據最可信賴之守山閣本《慎子》，其中也確實並無《慎子曰恭儉》篇中重合思想內容。又就諸子文獻中所見涉及慎到思想內容，也無從確認其與《慎子曰恭儉》篇之確鑿關聯內容。

（14）慎子有見於後，無見於先。（《荀子》天論篇）

（15）慎子蔽於法而不知賢。（《荀子》解蔽篇）

（16）慎子曰：「飛龍乘雲，騰蛇遊霧，雲罷霧霽，而龍蛇與螾螘同矣，則失其所乘也。賢人而詘於不肖者，則權輕位卑也。不肖而能服於賢者，則權重位尊也。堯爲匹夫，不能治三人，而桀爲天子，能亂天下，吾以此知勢位之足恃，而賢智之不足慕也。夫弩弱而矢高者，激於風也。身不肖而令行者，得助於眾也。堯教於隸屬而民不聽，至於南面而王天下，令則行，禁則止。由此觀之，賢智未足以服眾，而勢位足以詘賢者也。」（《韓非

子》難勢篇）

（17）慎子曰：「今一兔走，百人逐之。非一兔足爲百人分也，由未
　　　定。由未定，堯且屈力，而況眾眾人乎。積兔滿市，行者不顧。
　　　非不欲兔也，分已定矣。分已定，人雖鄙不爭。故治天下及國，
　　　在乎定分而已矣。」（《呂氏春秋》審分覽）

此處所列舉《荀子》、《韓非子》、《呂氏春秋》諸書所言及慎到思想，可知皆
是否定君主個人賢知，重視勢、法、分等內容。而這些內容在《慎子曰恭儉》
篇中無從確認。第 1 簡中雖有言「法」，但考察其前後內容，則不得將之理解
爲慎到所主張取代君主個人的賢知的統治手段。

　　根據以上論述，綜合考慮上博楚簡書寫年代與慎到思想之間關聯，將《慎
子曰恭儉》篇中所見「慎子」視爲慎到、并以此文獻之成立爲慎到後學所爲
之見解，必然導致諸多問題，是難從之。又據前揭陳偉觀點，以《慎子曰恭
儉》篇爲楚懷王治世（公元前三二八～前二九九年）、或頃襄王即位後、東遷
之前（公元前二九八～前二七九年）之際成立這一說法，則《慎子曰恭儉》
篇原本成立之後復經抄寫以書本流佈，而其一本爲墓主所獲，直至最終於其
死後陪葬，這一時間進程過分急速。雖然無法排除陳偉所說可能性，但是相
較而言，這一或然機率或不甚高。且「慎子」爲頃襄王傅之根據也十分薄弱。

　　然則《慎子曰恭儉》篇成立時代并作者究竟如何。根據上博楚簡書寫年
代，《慎子曰恭儉》篇的成立時代應當上溯至戰國時代初期以前；而《慎子曰
恭儉》篇中引用之言者「慎子」當然並非慎到，而當是戰國初期以前活動的
某人。如陳偉所云，不得與傳世文獻中所見「慎子」視爲同一人物。又傳世
文獻所不見而未知之「慎子」，在戰國時代初期以前存在之事未必不可能。推
測《慎子曰恭儉》篇引用此未知「慎子」之言，或擇而述之，而此篇成書於
戰國時代初期以前，當爲穩妥之見。

　　關於《慎子曰恭儉》篇之作者，或即此未知「慎子」之後學。然據本篇
文獻整体結構言之，亦難言必。而本篇未必出於「慎子」後學之手。

　　如前揭所述，《慎子曰恭儉》第 3 簡簡背所記篇題與第 1 簡起始部分五字
完全一致。是故，本篇題乃取自文獻整体起始文字：第 1 簡以「慎子曰恭儉」
起始，此可爲證實。第 1 簡起始以「慎子曰」之言，就訓誡書而言，與該篇
文獻特徵似乎若合符節，但是其文字究竟如何則並無詳言而頗有質疑：《慎子
曰恭儉》全篇是否以起始這一「慎子」之言爲引領。

就目前該篇竹簡所見，明確以引言形式起始者，僅見於第 1 簡起始處。而包括涉及農業部分的第 5 簡在內，所有竹簡的內容可能未必僅此一句引言而已。根據目前竹簡整体內容推斷，《愼子曰恭儉》篇中或許應當有若干引言並列其中。

這些若干引言當然有可能全部是「愼子」之言。果如此，則《愼子曰恭儉》篇可視爲「愼子」之言彙集編纂之作。持此意圖之作者，當然極有可能是未知「愼子」之後學〔註12〕。

但是構成《愼子曰恭儉》篇中之若干引言，也有可能不盡出自「愼子」，而有若干人物之言。若引用并匯錄若干書籍，再整理成爲對於爲政者訓誡之書，也不無可能。《愼子曰恭儉》篇起始分引用「愼子」之言或許也純屬偶然亦未可知〔註13〕。《愼子曰恭儉》篇若是由包括「愼子」在內的若干人物引言構成，這一訓誡書的作者當然不能限定爲「愼子」後學。

遺憾的是，因竹簡殘缺及脫簡之故，《愼子曰恭儉》篇是否僅引用「愼子」之言，抑或引用若干人物之言，目前皆屬未知。本文則僅止步於指出存在兩種可能性，而《愼子曰恭儉》的作者則不得定爲「愼子」之後學〔註14〕。

結　語

《愼子曰恭儉》篇是以日後之爲政者爲對象的訓誡之書，其成書當上溯至戰國時代初期以前。但是竹簡殘缺，又或脫簡之故，尚有不少難以理解之處。當上博楚簡斷簡全部公開，展露全貌之際，《愼子曰恭儉》篇殘缺部分或脫簡也有可能會能夠得到解決。期待根據新的發現，再來深入討論《愼子曰恭儉》篇中殘存不明之處，以及傳世文獻中所不見的、未知「愼子」。

〔註12〕如前節所述，據《愼子曰恭儉》篇內容，其作者未必屬於儒家。
〔註13〕郭店楚簡、上博楚簡中有篇題之文獻，其篇題所示無一定之方。或述文獻整体內容，或以文獻起始數文字爲篇題。《愼子曰恭儉》篇第 3 簡簡背所記篇題與第 1 簡起始五字完全一致，是以文獻起始位置文字爲篇題之例。因此，僅據篇題，不得即以爲《愼子曰恭儉》篇所引就是「愼子」之言。
〔註14〕郭店楚簡、上博楚簡中有諸如《内禮》、《昔者君老》等以對爲政者之訓誡爲主題的文獻。但是，諸篇究竟成立於出土之楚地，抑或成書於其他地域而後傳來楚地，不能明確判斷。《愼子曰恭儉》篇中並無明示與楚相關性詞語，甚至相關固有名詞。因此，該篇文獻或成書於楚地以外地域而後傳至楚地。當然，如果認爲該篇文獻乃據若干書籍，引用、抄錄彙集而成，則亦可能成書於楚地。目前皆難以遽定。

第三篇
出土竹簡的形制及
契口以及劃線的研究

第八章 《曹沫之陳》中的 竹簡綴合與契口

第一節 《曹沫之陳》的釋讀及竹簡的綴合

古佚文獻《曹沫之陳》，通過《上海博物館藏戰國楚竹書（四）》（上海古籍出版社，二〇〇四年）一書公布於世。關於其釋讀，不但有與其它戰國楚簡文獻一樣，竹簡的排列復元仍爲懸而未解問題，而且有屬於『曹沫之陳』竹簡本身的綴合與復元的問題。

據《上海博物館藏戰國楚竹書（四）》中負責《曹沫之陳》釋讀的李零先生的「說明」，《曹沫之陳》中的竹簡總數爲六十五枚，其中「整簡」四十五枚，「殘簡」二十枚。李零先生所說的「整簡」并不是指毫無殘缺的「完簡」。《曹沫之陳》的竹簡大部分是從中間折斷，分爲上下兩半部的殘簡，完簡僅存二十枚〔註1〕。因李零先生將折斷的竹簡做了綴合·復元，故他所說的「整簡」指的是完簡二十枚及綴合·復元後的竹簡二十五枚的相加數量。

對於李零先生爲竹簡所做的綴合·復元，已有很多研究人員提出修改的

〔註1〕 李零先生在釋文中，認爲第28枚是完簡，然而，觀察《上海博物館藏戰國楚竹書（四）》十一頁的「圖版」照片，可判斷不是完簡。另外，陳劍先生認爲第36枚不是完簡，但通過觀察照片，正如李零先生所說，可判斷是完簡。根據照片的調查，在此可認爲以下二十枚竹簡爲完簡，即第05、09、10、13、14、18、19、20、21、22、33、35、36、38、39、40、50、52、54、65簡，其中第52枚竹簡的上端有一部分殘缺，但由於無文字列的殘缺，可按李零先生所釋，做爲完簡處理。

意見。陳劍先生在〈上博竹書《曹沫之陳》新編釋文（稿）〉（簡帛研究網，二〇〇五年二月十二日）中指出，李零先生所綴合、復元的二十五枚中，第32、37、46、51、53、63簡六枚竹簡的綴合存在問題，他試圖爲這些竹簡進行重新綴合〔註2〕。陳斯鵬先生和李銳先生也分別在〈上海博物館藏楚簡《曹沫之陳》釋文校理稿〉（簡帛研究網，二〇〇五年二月二十日）及〈《曹劌之陳》釋文新編〉（簡帛研究網，二〇〇五年二月二十二日）中對這些竹簡進行新的綴合・復元。

　　如上所述，在上海楚簡《曹沫之陳》的釋讀中，分爲上下兩半部的竹簡，其綴合・復元正在得到各種嘗試，予測今後會出現更多不同的意見。

　　在《曹沫之陳》的釋讀同時，進行的竹簡綴合、復元，有時雖然部分竹簡的折斷狀況成爲其明確的根據〔註3〕，但最爲普遍的應該是以文句的前後關係爲依據。既然竹簡已失去其原有的形狀和編綴，那麼以釋讀者理解的文句前後關係爲線索，來嘗試竹簡的排列和竹簡本身的復元是理所當然的。不過在復元時若能得到一些客觀性的依據，那麼必須要遵循之。

　　依我個人所見，在復元竹簡的綴合時，竹簡的契口作爲客觀的線索，應該是很有效的。根據契口的位置，有時可以確認竹簡綴合・復元的妥善性。爲此，在該小論中，打算以竹簡的契口問題爲中心，對《曹沫之陳》中的竹簡綴合、復元進行一下探討。

第二節　竹簡的契口

　　首先，說明一下什麼是戰國楚簡的契口。

　　以《曹沫之陳》的第 10 簡竹簡（完簡）爲例（參照圖一），屬於《曹沫之陳》的竹簡的編線有三道，然而在這第 10 簡竹簡的上端稍靠下的第一編線部位（參照圖二）及竹簡的中央稍靠上的第二編線部位（參照圖三），都面對竹簡的文字面，在右側的竹簡邊有明顯的楔型刻痕。從竹簡的下端稍靠上的第三編線部位雖不太明顯，但仔細觀察仍然可以確認有刻痕（參照圖四）。

〔註2〕　以下竹簡番號仍然沿用李零先生釋文中的竹簡番號，但關於李零先生綴合的竹簡，分別在其上半部加注「a」，下半部加注「b」區別之。

〔註3〕　比如，《曹沫之陳》第 01 簡的綴合，分斷爲上半部・下半部的部位正處於「昔」字上。通過綴合，「昔」字的字形得到復元，前後文脈也已通順。這樣的綴合，應該認爲是有客觀根據的。

在編綴竹簡裝訂成冊時，出於固定竹簡的需要，所做的這些楔形刻痕，在此稱之爲契口〔註4〕。這種契口面對竹簡的文字面，分別向右側（以下稱爲右契口）和左側（以下稱爲左契口）刻入。

關於目前公開的上博楚簡，根據《上海博物館藏戰國楚竹簡（一）～（四）》（上海古籍出版社，二〇〇一、二〇〇二、二〇〇三、二〇〇四年），對所有的竹簡的照片進行調查的結果發現，存在左契口的竹簡，僅有《曹沫之陳》的第15、59、63b、64b簡（參照圖五～八）。而且，這四枚都是斷簡的下半部，能夠確認的契口都位於從竹簡下端稍靠上的第三編線部。

在上博楚簡中可確認的契口除上述四枚以外，其余都是右契口。從數量上看，存在右契口的竹簡遠遠超過存在左契口的竹簡。

但是也不能因此就認爲存在左契口的竹簡具有特殊性。其原因是，在郭店楚簡中，存在左契口的竹簡，某種程度上是較集中的。

根據《郭店楚墓竹簡》（文物出版社，一九九八年），對郭店楚簡中，存有左契口的竹簡進行調查的結果，確認了以下竹簡中存有左契口〔註5〕。

《六德》第33、34、36、44簡　共四枚

《語叢三》第 08、17、18、19、21、23～47、49、52～55、58～68、70
　　　　　　～72簡　共四十八枚

〔附　竹簡殘片〕第07、08、09、13簡　共四枚〔註6〕

〔註4〕馬承源・陳佩芬先生在《上海博物館藏戰國楚竹書（一）》中，使用「契口」一詞，本文所用「契口」一詞引用於此。富谷至先生在《木簡・竹簡の語る中國古代——書記の文化史——》（岩波書店，二〇〇三年）中，針對大英圖書館收藏的敦煌漢簡醫書簡的竹簡中的「楔形刻痕」，認爲這些楔形的刻入將會是書籍長期保持編綴的裝幀之一。

〔註5〕《郭店楚墓竹簡》中所收的照片較小，而且幾乎都是黑白照片。其中一部分竹簡的照片中，可確認有局部修改的痕跡。因此有時很難判斷有無契口的存在。例如，郭店楚簡《老子乙》第05簡，可確認在第二編線部的竹簡左端存在黑影，但很難判別這是表示契口存在的陰影還是編線的痕跡。根據《郭店楚墓竹簡・老子乙・丙本》（《簡帛書法選》編輯組編，文物出版社，二〇〇二年）中所收的黑白擴大照片，可認爲這種陰影不是契口，而是編線的痕跡，因此在此將這種情況排除。爲更準確地進行判斷，需要獲得更精密的彩色照片或做實物調查。

〔註6〕關於郭店楚簡《語叢三》，福田哲之先生在〈郭店楚簡『語叢三』の再探討——竹簡の分類と排列——〉（《集刊東洋學》第86號，二〇〇一年）及〈郭店楚簡『語叢三』釋文〉（平成十二年度～平成十五年度科學研究費補助金基盤研究（B）（一）研究成果報告書《戰國楚係文字資料の研究》所收，二〇〇

　　這樣，郭店楚簡中，至少在五十余枚竹簡中存在左契口。與存有右契口的竹簡相比，其數量雖少，但存在左契口的竹簡決不是特殊的竹簡。

　　以上，確認了上博楚簡及郭店楚簡中有兩類，即存在右契口的多數竹簡和存在左契口的少數竹簡。接下來，就該契口和竹簡的綴合‧復元的關連性做一下說明。

第三節　契口和竹簡的綴合

　　依我個人所見，在復元竹簡綴合時，契口做爲客觀的線索，會產生很好的效果。之所以這樣說，是因爲觀察以往的上博楚簡及郭店楚簡的照片，我們無法確認某個竹簡上混有左右契口的現象。由此認爲上博楚簡及郭店楚簡中的某竹簡上不會混有左契口和右契口。

　　不過在可以確認有左契口的竹簡中，《曹沫之陳》的第 15、59、63b、64b 簡，《語叢三》的第 18、21、32、34 簡，〔附　竹簡殘片〕的第 07、08、09、13 簡都是在竹簡上僅存在一個契口的斷簡。從這些竹簡上，我們無法判斷是否混在左右契口。

　　觀察存在左契口的郭店楚簡《六德》及《語叢三》的完簡，如下例所示，同一竹簡上的契口都是左契口，右契口沒有一個（參照圖九～一二）

　　據上所述，我們可以認爲，在戰國楚簡的某個竹簡上，不會同時存在左契口和右契口。如果在同一個竹簡上，不存在左契口和右契口，那麼李零先生等人所研究的竹簡的綴合與復元中，有些觀點不能贊同。具體地說就是，李零先生研究的第 63 簡及第 64 簡的綴合，陳劍先生研究的第 57 簡及第 15 簡的綴合，李銳先生研究的第 48 簡及第 59 簡、第 37a 簡及第 63b 簡的綴合。

　　在第 63、64 簡的下段部分，即第 63b、64b 簡中，如上所述，在其第三編線部存在左契口（參照圖七、八）。而在第 63、64 簡的上段部分，即第 63a、64a 簡中，存在第一編線部和第二編線部，兩個編線部都存在右契口（參照圖一三、一四）。假如李零先生綴合的第 63a 簡和第 63b 簡，第 64a 簡和第 64b 簡分別是同一枚竹簡的上段部分和下段部分，那麼這兩枚竹簡應該都是混有

四年）中，對可與標點符號相對應的字形‧書寫風格進行精密的分析，將《語叢三》的竹簡分爲三類。但是福田先生的三種分類都是同時含有右契口的竹簡和左契口的竹簡。在契口的位置‧字形及書寫風格之間可能不存在對應關係。

左契口和右契口的竹簡。

這種推論同樣適合於第 57 簡和第 15 簡、第 48 簡和第 59 簡、第 37a 簡和第 63b 簡的綴合。在第 15、59、63b 簡中，都在第三編線存在左契口（參照圖五～七）。第 57、48、37a 簡中，存在第一編線和第二編線，兩編線都有右契口（參照圖一五～一七）。因此，綴合、復元後的這些竹簡，都存在右契口和左契口。

如果在某竹簡上不同時存在左契口和右契口，那麼上述的李零先生等人論述的竹簡的綴合、復元就都不能成立，也就是說可能是錯誤的綴合。

第四節　《曹沫之陳》中竹簡的殘缺

在《曹沫之陳》中，可確認左契口的第 15、59、63b、64b 這四枚竹簡都是中間折斷的下半部。在《曹沫之陳》的竹簡中，沒有一個是存在左契口的上半部竹簡。

如先所述，在戰國楚簡的同一枚竹簡上，不可能存在右契口和左契口混在的現象。關於存在左契口的竹簡下半部，即第 15、59、63b、64b 這四枚，我們應該理解爲都是缺少上半部，不能與其它竹簡綴合。

說來上博楚簡是盜掘出來的，不是通過考古學調查出土的竹簡。假設上博楚簡中的某一文獻在當時被作爲副葬品時，所有的竹簡都完整無缺，那麼這些竹簡被收入上海博物館後，現在也要認爲竹簡保存完整的可能性相當低。《曹沫之陳》的第 15、59、63b、64b 這四枚竹簡的上半部很可能全部殘缺。

從存在左契口的第 15、59、63b、64b 這四枚竹簡的上半部的殘缺、遺失現象，可以認爲《曹沫之陳》中，存在右契口的大多數竹簡中，也存在上半部或下半部殘缺不全的可能性。另外，也可以推測竹簡全部損失的可能性也很高。在《曹沫之陳》的釋讀時，有必要充分留意這些可能性〔註7〕。

〔註7〕　《曹沫之陳》是混有右契口的竹簡和左契口的竹簡的文獻，關於出現這種現象的原因，目前尚且不明。我認爲這個問題關係到如何進行文獻的書寫和竹簡的編綴，對此打算再做探討。

圖六　《曹沫之陳》第59簡　（根據《上海博物館藏戰國楚竹書（四）》）

圖五　《曹沫之陳》第15簡　（根據《上海博物館藏戰國楚竹書（四）》）

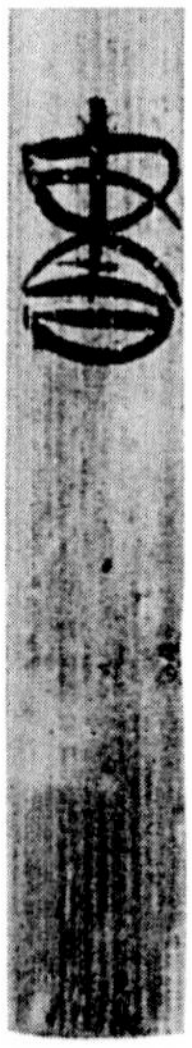

圖四　《曹沫之陳》第10簡　第三編線部　（根據《上海博物館藏戰國楚竹書（四）》）

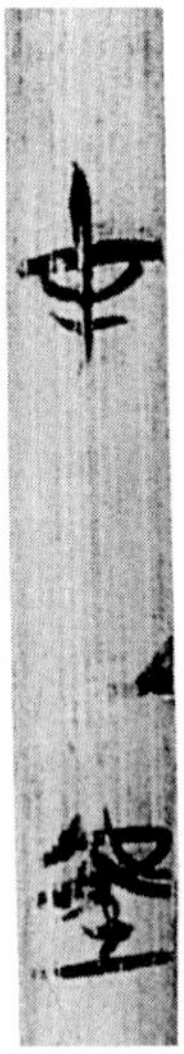

圖三　《曹沫之陳》第10簡　第二編線部　（根據《上海博物館藏戰國楚竹書（四）》）

圖二　《曹沫之陳》第10簡　第一編線部　（根據《上海博物館藏戰國楚竹書（四）》）

圖一　《曹沫之陳》第10簡　（根據《上海博物館藏戰國楚竹書（四）》）

圖七　《曹沫之陳》第63b簡　（根據《上海博物館藏戰國楚竹書（四）》）

圖八　《曹沫之陳》第64b簡　（根據《上海博物館藏戰國楚竹書（四）》）

圖九　《六德》第33簡　（根據《郭店楚墓竹簡》）

圖一〇　《六德》第44簡　（根據《郭店楚墓竹簡》）

圖一一　《語叢三》第08簡　（根據《郭店楚墓竹簡》）

圖一二　《語叢三》第52簡　（根據《郭店楚墓竹簡》）

圖一三　《曹沫之陳》第63a簡　（根據《上海博物館藏戰國楚竹書（四）》）

圖一四　《曹沫之陳》第64a簡　（根據《上海博物館藏戰國楚竹書（四）》）

圖一五　《曹沫之陳》第57簡　（根據《上海博物館藏戰國楚竹書（四）》）

圖一五　《曹沫之陳》第57簡　（根據《上海博物館藏戰國楚竹書（四）》）

圖一六　《曹沫之陳》第48簡　（根據《上海博物館藏戰國楚竹書（四）》）

圖一七　《曹沫之陳》第37a簡　（根據《上海博物館藏戰國楚竹書（四）》）

第九章　關於上博楚簡《采風曲目》的竹簡形制——以契口爲中心

序　言

在此之先，筆者就上博楚簡《曹沫之陳》的竹簡契口（刻在竹簡編線部的契口）進行了探討，指出了綴合相同斷簡并將其復原爲一支竹簡時，契口左右的位置作爲客觀性線索是有效的。〔註1〕

說來契口是在編綴竹簡裝訂成書時，出於固定竹簡之需要而鍥入的，因此如果屬於同一冊書、同一文獻，則從契口到竹簡的上端或竹簡的下端的長度可能是相等的。〔註2〕爲此在分類竹簡所屬的文獻及復原缺損的竹簡時，契口將成爲重要的判斷材料，作爲屬於某文獻的竹簡形制，有必要與以關注。本文就《上海博物館藏戰國楚竹書（四）》（上海古籍出版社，2005 年）所收的《采風曲目》的竹簡形制，以契口的問題爲中心進行探討。〔註3〕

〔註1〕 參照第八章《曹沫之陳》中的竹簡綴合與契口
〔註2〕 若不是那樣，那麼可能編線不會呈水平狀態，在冊書中竹簡未得到固定。
〔註3〕 可能在冊書做成時，每個竹簡的契口位置上已經存在一些誤差。另外，有關各竹簡的契口位置，也在已做成時和現在，其位置也不一定完全相同。因爲二千年之漫長時間的流逝及出土後的保存處理等，竹簡本身受到了影響，在簡長和契口的位置上有可能發生了一些錯位。爲此，在本論中，關於每支竹簡的契口位置的不同，限定於以 cm 爲單位的顯著不同來考慮。

第一節 《采風曲目》竹簡的狀況及內容

首先關於《采風曲目》竹簡的狀況進行一下確認。負責《采風曲目》釋讀的馬承源先生認爲屬於《采風曲目》竹簡的數量爲六支。爲此，在以下的探討中，各簡以馬承源先生在釋讀中所用的符號來稱呼。其中，簡 2 是馬承源先生綴合的有缺損的兩支竹簡。其他的五支竹簡，未進行此類綴合。這裏把馬先生綴合的簡 2 的上部稱爲簡 2a，下部稱爲簡 2b 來區別。

表《采風曲目》的竹簡狀況（根據馬承源先生之論述）

	簡長 cm	竹簡上端	竹簡下端	文字數	備　　考
簡 1	46.6	有缺損	平齊、完整	35	
簡 2a	23.7	有缺損	有缺損	17	
簡 2b	22.8	有缺損	平齊、完整	15	
簡 3	56.1	有缺損	平齊、完整	34	
簡 4	46.5	有缺損	平齊、完整	34	
簡 5	54.5	有缺損	平齊、完整	10	文字列的下部是留白，直到竹簡的下端
簡 6	46.5	有缺損	平齊、完整	5	文字列的下部是留白，直到竹簡的下端

關於每支竹簡的長度，殘缺狀況及文字數量，根據馬承源先生的釋文進行了歸納（見上表）。

上表明確表明：《采風曲目》的所有竹簡，上端部位殘缺，沒有一支是完整的，而且除了簡 2a 的各簡的下端均未殘缺，形狀保持平齊，完整。《采風曲目》竹簡的上端部位是有集中性的殘缺的。

在這裏，關於刻入《采風曲目》竹簡中的契口做一確認。馬承源氏雖然從未談及契口，但從《采風曲目》的竹簡照片可以確認鍥入各竹簡的契口。爲此，筆者將從照片確認的各簡契口用圖一表示出來。在圖中，箭頭所示處是筆者判斷有契口存在的部位。這裏順便說明一下，在《采風曲目》中可以確認的契口全部是右契口，沒有左契口。〔註4〕

〔註4〕 圖版都是根據《上海博物館藏戰國楚竹書（四）》中所收的照片。另外在該書中，排列《采風曲目》所有竹簡的彩色照片，各簡的擴大彩色照片，各簡的黑白照片，合計有三種。不過這些可能是僅僅考慮到記錄在簡上的文字及記號的識別而拍攝的。因此關於契口的存在有時很難進行判斷。

圖一　各竹簡中的契口位置

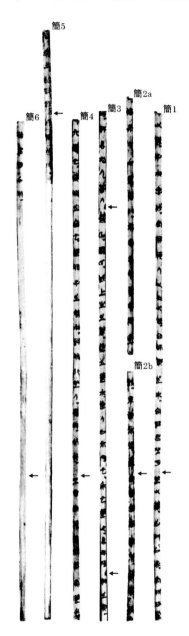

　　《采風曲目》各竹簡契口的形狀如圖二-八所示。在圖二-六中，可以在文字的右上方部分確認有契口，圖七在文字的右下方部分有契口，圖八與圖二-六大致相同，可以確認在右上方部分有契口。可以認爲每個契口都是其下部首先以水平狀態鍥入，其次是面向鍥入部位從右上方切削而入。

圖二　簡 1 的契口　　　　　圖三　簡 2b 的契口

圖四　簡 3 上部的契口　　　圖五　簡 3 下部的契口

圖六　簡 4 的契口　　　　　圖七　簡 5 的契口

圖八　簡6的契口

接下來，根據《上海博物館藏戰國楚竹書（四）》的馬承源的釋文表示《采風曲目》的釋文如下。〔註5〕

1 又（有）訣■，《子奴思我》■。宮穆：《碩人》、《又（有）文又（有）訣》■。宮歸（巷）：《喪之末》■。宮許：《疋坓月》、《坓又（有）菜》■、《出門呂（以）東》■。宮祝：《君壽》

2a □》■、《牲死（嫩）人》、《毋迕（過）虍（吾）門》■、《不寅之嬗》■。変商：《嬰（要）丘》又（有）

2b 訣》■、《美言不從》■、《豐又酉（酒）》■。趣商：《高木》■。許商：《椎

3 □》■。許客（徵）：《牧人》■、《葛人》■、《蠶亡》■、《靁氏》■、《城上生之葦》■、《道之遠尒》■、《良人亡不宜也》■、《舟也遺夬（玦）》■。客（徵）和：《碻剌之賓》■。

4 □》■、《亓（其）絲也》■。鴉（鷺）羽：《之白也》■。趣羽：《子之賤奴》■。許羽：《北坓人》■、《寡虎》■、《咎比》■、《王音深浴（谷）》■。羽戁：《嘉賓遄意》

5 居》■、《思之》■、《絲（茲）信然》■、《邛戁弋虎》■。

─────────────────

〔註5〕關於「又」字，馬承源先生僅將簡2a末尾的「《式（要）丘又（有）》」處釋讀爲「有」，但我認爲把其它的「又」字也釋讀爲「有」比較妥當。爲此，在以下的釋文中，把「又」字全部釋讀爲「有」。另外，董珊先生的「讀《上博藏戰國楚竹書（四）》雜記」《采風曲目》（簡帛研究網站，2005年2月20日）中，提示了有關釋讀的修正案。

6《狗（苟）虗（吾）君毋死》■。

《采風曲目》是把屬於五聲中的「宮、商、旮（徵）、羽」的曲目，按每個樂調分類記載的，三十九個曲目幾乎都是在後部附加墨釘來記載的。另外竹簡中未記載篇題。《采風曲目》是通過「采風」獲得的「曲目」之意而起用的臨時篇題。〔註6〕

簡5、簡6的文字列末尾的下部到竹簡的下端是留白。這正如馬承源先生在〈說明〉中所述，可能是因為被分類為一個聲音的曲目記述在竹簡的途中結束，下一個聲音曲目的記述就從新的竹簡的前端開始的。〔註7〕

必須注意的是，在《采風曲目》中，沒有可以確定簡與簡連接的部位，因此竹簡的排列不明。《采風曲目》的內容是曲目的羅列，不存在邏輯上的展開，而且那些作為固有名詞的各曲目，其具體內容幾乎無從了解。加之在所有竹簡中存在缺損，很有可能還存在脫簡。為此，非常缺乏可以確定竹簡間連接的根據。估計馬承源先生是根據「宮、商、角、徵、羽」五聲的順序排列了六支竹簡，然而應該認為它不過是一種權宜排列。

以上，就《采風曲目》竹簡的狀況及內容進行了確認。接下來依次探討一下有關《采風曲目》竹簡的形制的幾個問題。

第二節　簡3的長度問題

關於《采風曲目》的竹簡形制，存在的問題首先是簡3的長度。前表所示的簡長的數字，如前所述是根據馬承源先生的釋文記述的。據前表，最長是簡3，其長度為56.1cm。然而，觀察《上海博物館藏戰國楚竹書（四）》所收的照片可知，《采風曲目》中最長的竹簡不是簡3，而是簡5，其長度為54.5cm（參照圖一）。本來因為沒有標出比例尺，所以不能根據照片推算出竹簡的長度。不過依據各簡中所記載的文字數、文字的大小或竹簡的寬度等判斷的話，簡3的長度是56.1cm這種說法明顯是錯誤的。估計簡3的長度與簡1、4、6大體相同，是46cm之多。〔註8〕

〔註6〕 馬承源先生關於《采風曲目》的內容，在〈說明〉中，注意到五聲中未談及「角」，還有除了〈碩人〉之外的曲目未在文獻上記錄這兩點。

〔註7〕 馬承源先生在〈說明〉中，關於伴有留白的簡5、簡6，認為它們與其它竹簡的接合不明，因此不知道它們是否是在《采風曲目》中未談到的，有關「角」記述的那部分。

〔註8〕 馬承源先生在釋文開頭的〈說明〉中也說「最長的一支為五十六‧一厘米」，

第三節　簡 3 的契口的位置問題

第二個問題是簡 3 中可以確認的兩個契口的位置問題。

如前所述，屬於《采風曲目》的竹簡都是上部缺損。而且除了簡 2a、簡 5 外，簡 1、2b、3、4、6 這五支簡都是在離竹簡比較近的部位，可以確認契口的存在。

關於簡 1、2b、3、4、6 的下部的契口，通過比較從沒有缺損的竹簡下端到契口的長度可知，除了簡 3 外，簡 1、2b、4、6 四支竹簡的長度大致相等。然而，簡 3 的下部契口，位於相當接近於竹簡下端的部位，其位置明顯與其他竹簡不同。爲此，如果把簡 1、2b、3、4 編綴爲同一冊書，那麼估計竹簡下部的編線不會呈水平狀態，不能充分固定竹簡。

另外，關於簡 3 的上部契口，其位置上也存在問題。簡 1、3、4、6 的長度大致是相同的。然而，簡 1、4、6 這三支竹簡中，在與簡 3 上部契口相同的位置上，不能確認有契口的存在。

如上所述，簡 1、2b、4、6 四支，其契口都存在於竹簡下部，其位置也大致相同。因此，可以認爲它們是屬於同一冊書的竹簡。〔註9〕與此相反，簡 3 的兩個契口的位置，與簡 1、2b、4、6 的契口位置明顯不同。這一情況表示簡 3 是屬於與簡 1、2b、4、6 不同的冊書。

然而，簡 1、2b、4、6 四支竹簡與簡 3，在內容方面都是按聲音、樂調分類的曲目羅列。而且其記述的體裁也是相同的，都是按各曲目用墨釘來表示的。從其內容及記述體裁的共通性來看，簡 1、2b、4、6 與簡 3 雖然不屬於同一冊書，但很難判斷是屬於毫不相關的文獻。雖然具體情況不詳，但兩者有可能是屬於按類似的目的編輯的別的文獻，或屬於同一文獻中的異本。

第四節　簡 5 的形制問題

簡 5 中僅記載了十個文字，其內容與簡 1、2b、4、6 相同，可能還是曲

不過沒有明確說明它究竟哪支竹簡。但是在《采風曲目》中可能不存在長度爲 56.1cm 的竹簡。

〔註9〕馬承源先生在〈說明〉中，關於記錄有分別屬於「商」和「羽」曲目的簡 2（指簡 2b）和簡 4，指出由於在「商」和「羽」的聲名之前，同樣接合「趨」和「訐」字，而且其順序也相同，因此這兩支竹簡之間存在曲目排列方法上的共同點。這一點也可能表示了簡 2b 與簡 4 原本屬於同一冊書。

目的羅列。而且按曲目以墨釘標記的記述形式也與《采風曲目》的其他竹簡相同。〔註10〕不過在簡 5 的形制，特別是關於契口的位置，還存在尚未解決的問題。

在簡 5 中僅存在的一處契口（參照圖七），其位置與簡 3 的上部契口的位置明顯不同。（參照圖一）因此，可以認為簡 5 和簡 3 確實不屬於同一冊書。

問題在於簡 5 和簡 1、2b、4、6 之間的關係。如先所述，被認為屬於同一冊書的簡 1、2b、4、6 中，能夠在靠近竹簡下端的，大體相同的位置上確認有契口。可是，在簡 5 中，無法在與四支竹簡的相同位置上確認有契口。所以簡單地考慮的話，簡 5 不但不與簡 3 屬於同一冊書，而且與簡 1、2b、4、6 四支也不屬於同一冊書。

不過，依我個人的看法，也不能一概否定簡 5 與簡 1、2b、4、6 屬於同一冊書的可能性。我這是因為簡 5 的契口位置大體相當於簡 1、2b、4、6 上端的殘缺部分。從這裏可以認為：在簡 1、2b、4、6 上端部分近乎相當於簡 5 契口的位置上，本來存在契口，但可能在該處附近發生了斷折。

還有，把簡 5 的契口看作是位於這支竹簡的最下端是不自然的。我認為在簡 5 的下端還存在與圖一、七不同的別的契口，并且也有可能其位置與簡 1、2b、4、6 大致相同。此時，不能確認簡 5 下端契口的原因之一，可能是《上海博物館藏戰國楚竹書》中所收的照片問題。不知是否是竹簡本身的保存狀態、攝影、印刷上的問題或是其它問題，簡 5 的照片比較缺乏鮮明度。或者因某些原因，本來簡 5 的下端就沒有契口，這種可能性也不能完全排除。

本來，關於簡 5 的契口位置，特別是在竹簡下部有契口僅是推測而已。目前還未明確簡 5 與簡 1、2b、4、6 是否在近乎相同的位置上有契口，五支竹簡屬於同一冊書，或者兩者的契口位置不同，屬於不同的冊書。

第五節　簡 2a 與簡 2b 的綴合問題

如先所述，馬承源先生綴合簡 2a 和簡 2b，認為它們本來是一支竹簡。但如果遵從這一見解，那麼簡 2a 與簡 1、2b、4、6 屬於同一冊書。從竹簡的形制看，到底能否證明簡 2a 和簡 2b 的綴合是否妥當呢？

〔註10〕馬承源先生在認為包括簡 5 的《采風曲目》中的幾支竹簡的背面，記載有可能是別的文獻的文字，就此將在別的機會發表。在考慮《采風曲目》竹簡的編連等問題上，竹簡背面的文字有可能成為重要的線索。

從結論來看，依據竹簡的形制，不能判斷簡 2a 和簡 2b 的綴合是否妥當。因爲簡 2a 的上下端皆存在缺損，竹簡較短且沒有契口。因此沒有可判斷其竹簡形制的足夠的材料，所以無法判斷是否簡 2a 與簡 1、2b、4、6 是屬於同一冊書還是與簡 3 屬於同一冊書。

估計馬先生是根據簡 2a 和簡 2b 的內容同屬於「商」曲目的羅列而綴合了二簡。的確，從內容來看，這兩支斷簡很有可能本來就存在於同一冊書，而且位置相當靠近。但簡 2a 缺損的下端及簡 2b 的上端缺損的形狀，可能不是因同一處出現的斷折而產生的。另外，在被認爲斷折的部分，也沒有可以證明是在同一處發生斷折的文字和記號。

本來，有過一次斷折的部分，有可能後來發生了進一步破損。因此雖然不能根據目前竹簡的形狀進行簡單的判斷，但至少竹簡的形狀不會成爲必須綴合簡 2a 簡與 2b 的有力根據。

關於簡 2a 和簡 2b 這兩支，不能排除原本是一支竹簡的可能性和分別爲不同竹簡的一部分的可能性，所以這點現姑且視爲不明。

第六節　《采風曲目》的編線問題

最後，關於《采風曲目》的編線問題進行一下探討。

在馬承源先生釋文及〈說明〉中，關於編線的數量未做任何解釋。不過刻在竹簡的契口可能是表示編線部的。因此，如果可以確認基本完整的一枚竹簡上的契口數量，就能知道其編線數。可是《采風曲目》的所有竹簡都存在殘缺，而且可以確認有幾個契口同時存在的竹簡，僅是簡 3 就有兩處。爲此不能簡單從契口的數量判斷編線的數量。

首先就可以確認兩處契口的簡 3 的編線做一考察。假設該竹簡的編線爲兩道，那麼簡 3 上部的契口爲第一編線部，下部的契口爲第二編線部。從簡 3 缺損的竹簡上端到第一編線部（上部的契口）的長度，是從竹簡的下端到第二編線部（下部的契口）的長度的大約兩倍。如果加上殘缺部分的長度的話，那麼發生殘缺之前的簡 3 的上端到第一編線部的長度便可以估計出。如果該竹簡是兩道的話，那麼上下編線的位置就會失去平衡。〔註11〕這種編線位置

〔註11〕馬承源先生在〈說明〉中，談到原有的簡 3 大約在上端兩個文字的位置上出現了斷折。假設簡 3 上部殘缺處的長度較短，估計上下編線位置也會很不平衡。

的不平衡，在兩道文獻較多的郭店楚簡中未能發現。

那麼假設簡 3 的編線是三道的話，會怎麼樣呢？這時，在目前可在簡 3 上部確認的契口爲第二編線部。但三道文獻的第二編線部，估計大致位於竹簡全長的中間部位。如前所述，目前簡 3 的長度大約與簡 1、4、6 相同，可能有 46cm 多。所以加上缺損逸失部分的簡長，若第二編線部大約位於竹簡中央，則是 75cm；若第二編線部位於離中央稍靠上的話，則是 70cm 左右。在已公開的上海博物館楚簡中，簡長最長的是《性情論》，爲 57cm，所以長達 70～75cm 的竹簡盡管很長，但這個數字有可能存在。〔註12〕因此關於簡 3，雖然不能否定其編線是兩道的可能性，但三道的可能性較大。

接下來關於簡 1、2b、4、6 進行一下討論。該四支竹簡中，可確認契口在竹簡的下端附近僅有一處。但如前所述，簡 1、2b、4、6 的上部缺損處，實際上是契口鍥入的部位。因此可能這個部位發生過斷折。雖然缺損部分的長度不明，但四支竹簡是兩道的可能性較大。這時，缺損部分的長度可能比較短。

與此相反，如果缺損逸失部分很長的話，那麼有可能存在別的契口，其編線也有可能是三道。然而，如果假設第二編線部位於竹簡全長的大約中簡部位，那麼簡長會超過一米。因此，簡 3 是三道的可能性幾乎沒有。

另外，關於簡 5 及簡 2b，由於不能判斷其契口的位置，因此編線的數量還不明確。

結　語

本論文中，以契口位置問題爲中心，就《采風曲目》的竹簡形制進行了探討。其結論是：簡 1、2b、4、6 可能原來是屬於同一冊書的竹簡，但簡 3 可能是屬於與這四支不同的、別的冊書的竹簡。另外明確了這兩種冊書的編線，其中簡 1、2b、4、6 所屬的編線可能是兩道，簡 3 所屬的可能是三道。

最初發表的釋讀，在很多場合成爲研究出土文獻的出發點。但是，資料嚴重缺損的時侯，而且這種資料是古佚文獻的話，進行正確的釋讀會很困難。對未知文獻進行整理的人員的最初釋文，既然不一定是最完善的，那麼後來繼續這項研究的人員也有必要對出土的資料盡可能收集信息，從各種角度進

〔註12〕從包山二號楚墓出土了長爲 59.6～72.6cm 的竹簡。

行討論。

為此，《上海博物館藏戰國楚竹書》的各分冊，收錄全部竹簡的擴大彩色照片，其意義極爲深遠。但是，恨遺憾，要詳細討論契口等竹簡的狀態，有時因爲照片的鮮明度不充分而難以判斷。期待着實現研究人員廣泛共有正確信息的環境。

第十章 清華簡《楚居》的劃線、墨線 與竹簡的排序問題

序　言

　　蓋竹簡資料出土之際，編繩保持原有狀態、冊書保存完好的情況極為罕見。因此，在復原文獻的整理工作中，需要將出土竹簡重新排序，而復原其編聯。而且，還需要綴合殘缺斷簡，將其復原為一枚整簡。

　　特別是無法與傳世文獻進行對照的古佚文獻，在最初的釋文（以下稱為原釋文）經整理者公佈後，對其竹簡排序的復原及斷簡的綴合方案，經常會有不同見解相繼提出。竹簡排序的復原及斷簡的綴合，毋庸贅述會給該文獻的釋讀帶來極大影響。因此，如何才能基於客觀證據進行復原是一個極為重要的問題。所以，就有必要從竹簡的形制或記載文字的樣式等各種角度加以慎重探討，儘可能從整體上對文獻進行復原。〔註1〕

　　2011 年以來倍受矚目的，是有可能成為復原竹簡排序的客觀依據的，竹簡背面被稱為「劃痕」或「劃線」的的線條，以及同在竹簡背面被稱為「墨線」的線條。其起因，是由孫沛陽氏首先指出了北京大學所藏漢簡背面存在「劃痕」。〔註2〕

〔註1〕　筆者以前曾論及，在殘缺的斷簡與斷簡的綴合上，契口的位置作為客觀的根據是有效的。參看拙稿第八章《曹沫之陳》中的竹簡綴合與契口。

〔註2〕　孫沛陽氏所指出的內容，發表在〈簡冊背劃線初探〉（《出土文獻與古文字研究》第四輯，2011 年 12 月。論文末尾的執筆時期記為同年 6 月 26 日）中，但其提出該觀點本身，應早於此。具體時期筆者尚未正確把握，但最遲也應

　　本章將就《清華大學藏戰國楚簡（壹）》（中西書局，2010 年）收錄的古佚文獻《楚居》的劃線、墨線對其竹簡排序的復原具有何等意義的問題加以探討。〔註3〕

第一節　《楚居》竹簡的背面狀況

　　首先基於《清華大學藏戰國竹簡（壹）》所收「說明」、「釋文」及照片，對《楚居》的竹簡形制，以及其背面狀況進行確認。

　　《楚居》的竹簡合計 16 枚，其形制為，簡長約 47.5cm 左右，三道編繩。簡 7、9、10、11 從下部竹節部分至竹簡下端殘缺，據推測該殘缺部分應記有四字左右。而且簡 1、6、15 從第三編繩到竹簡下端殘缺。不過，從無殘缺竹簡來看，簡 1、6、15 的殘缺部分中應無文字。

　　另外，據附錄表，簡 2 竹簡上端殘缺，後與斷簡綴合復原了整簡，並無文字脫落。且根據附錄表，簡 14 也與斷簡接合復原了整簡。

　　其次，來確認《楚居》竹簡背面的情況。《楚居》竹簡的背面，需要注意以下四點（圖 1）。〔註4〕

　　　　該在復旦大學出土文獻與古文字研究中心研究生讀書會發表〈清華簡《程寤》簡序調整一則〉的 2011 年 1 月 5 日之前。另外，言及劃線、墨線的先行研究，其他還有《文物》2011 年第六期發表的〈北京大學藏西漢竹書概說〉為首的北京大學藏西漢竹書的相關論文，以及賈連翔氏的〈清華簡九篇書法現象研究〉（《書法叢刊》2011 年第四期，2011 年 7 月），李天虹氏的〈湖北出土楚簡（五種）格式初析〉（《江漢考古》2011 年第四期，2011 年 12 月）等。

〔註3〕另外，以下筆者基本遵從孫沛陽氏的〈簡冊背劃線初探〉，將竹簡背面所記相關線區分為「劃線」與「墨線」。

〔註4〕以下，《楚居》的竹簡照片以及其他清華簡的照片，均引自《清華大學藏戰國竹簡》（壹、貳）（中西書局，2010 年、2011 年）。

圖1　《楚居》竹簡背面的狀況

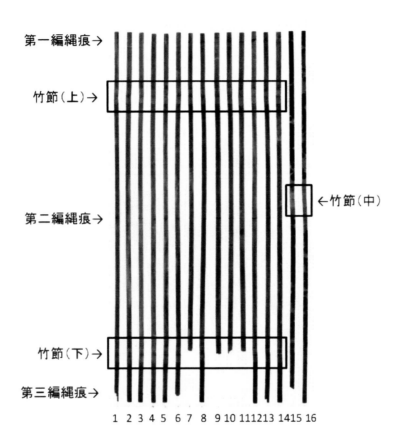

第一，「簡序編號」，即顯示竹簡排序的數字。《楚居》竹簡背面，未記有「簡序編號」。

迄今公開的清華大學所藏戰國竹簡（以下稱清華簡）第一、第二分冊的文獻中，第一分冊的《尹至》、《尹誥》、《耆夜》、《金縢》、《皇門》、《祭公》，以及第二分冊的《繫年》的竹簡背面，記有顯示各文獻竹簡排序的連續數字。但在《楚居》的竹簡背面，與第一分冊的《程寤》、《保訓》相同，並未記有顯示排序的數字。

第二，有刮削竹節的痕跡。在清華簡的背面，常見有刮削竹節的痕跡，在《楚居》的竹簡背面也存在這種現象。需要注意的一點是，竹節痕跡的數目以及位置，在《楚居》的16枚竹簡中並不均一。在《楚居》中，存在有竹簡背面的上部與下部兩處存在竹節的竹簡（簡1～14），以及竹簡背面僅有中

央一處存在竹節的竹簡（簡 15，16）等兩種竹簡。〔註5〕

　　本來，竹簡背面竹節刮削痕跡的數目與位置不同本身，對竹簡表面並無影響。因此，迄今一直對出土竹簡背面情況不詳，即使竹簡背面竹節位置及數目相異，也歸屬爲同一竹簡形制。但是，如後所述，竹節痕跡的數目及位置的問題，與劃線的連貫性之間有關，有必要引起足夠的重視。

　　第三，《楚居》的一部分竹簡背面，具有劃向右下方的劃線。那麼最初注意到該劃線的孫沛陽氏對《楚居》的劃線問題是如何論及？以下就從其〈簡冊背劃線初探〉來看一下（圖2）。〔註6〕

圖2　《楚居》簡2～簡6背面的劃線

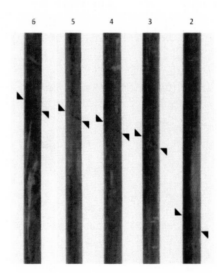

　　孫氏認爲，《楚居》簡 2～簡 6 的竹簡背面存在劃線，並且，該劃線，在

〔註5〕　如前所述，簡 7、9、10、11 竹簡下部殘缺，此類竹簡於兩個竹節刮削處的下
　　　　方一處斷裂，以下至竹簡下端殘缺。估計是因刮削竹節處的強度減弱而引起
　　　　的斷裂。
〔註6〕　以下，使用竹簡照片來顯示劃線及墨線位置時，如下圖所示，在竹簡左右端
　　　　外側各標以三角形來顯示，在照片的竹簡上並未加線。

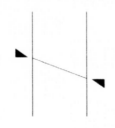

竹簡正面從右至左排列，即簡 2 的左側爲簡 3，簡 3 的左側爲簡 4 時，竹簡背面的劃線不連貫。只有竹簡正面從左向右排列時，即簡 2 的右側爲簡 3、簡 3 的右側爲簡 4 的形式排列時，竹簡背面的劃線才會連貫。對此，孫氏認爲，「按照簡序，正面依從左到右的順序編配成冊，簡背劃線部分連貫。我們稱之爲『逆次簡冊背劃線』」。提出了記載《楚居》冊書的竹簡排序可能爲竹簡正面從左向右排列的假說。

　　另外，《楚居》簡 3～簡 6 的劃線明顯連貫，簡 2～簡 3 之間的劃線稍有錯位。對此錯位孫氏提出了「廢簡」的觀點。即存在錯位處本來有一枚到數枚竹簡存在，後因某種原因廢棄不用，如將該「廢簡」插入則劃線基本保持連貫。

　　此外，孫氏在〈簡冊背劃線初探〉中稱，《楚居》簡 2～6 以外的竹簡上也隱約可見有劃線，但因在照片中不甚明顯，沒有作爲探討的對象。但據私見，從照片中可見簡 7、簡 8、簡 9 也存在劃線，關於此點將隨後進行探討。

　　第四，李天虹氏在〈湖北出土楚簡（五種）格式初析〉中已有指出，在《楚居》簡 6 背面可見墨線（圖 3）。該墨線，劃在竹簡背面上部竹節的刮削痕跡之下，向右上方傾斜。而孫沛陽氏並未言及該《楚居》的墨線。

圖 3　《楚居》簡 6 背面的墨線

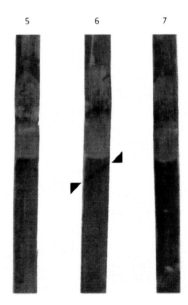

以上，就《楚居》的竹簡形式，以及其背面狀況進行了確認。在下章中，

將就《楚居》的竹簡背面的墨線進行探討。

第二節　《楚居》的墨線

如前所述，在《楚居》簡6背面上部的竹節下向右斜上方劃有墨線。

在此需要注意的是，不僅位於簡6左右的簡5、簡7，在《楚居》中，並不存在背面與簡6的墨線相連貫的具有墨線竹簡。《楚居》的竹簡背面不存在與簡6墨線的連貫墨線一點，也意味著該簡6的墨線無法成為證明竹簡排序的根據。

出土的竹簡背面劃有斜墨線一點，已如孫氏所指出的，也見於上博楚簡及包山楚簡中（圖4、圖5）。〔註7〕但上博楚簡及包山楚簡中公開的竹簡背面照片，僅限於記有篇題文字等特殊場合。因此，其墨線是否與左右竹簡連貫尚未可知。

圖4　包山楚簡的墨線

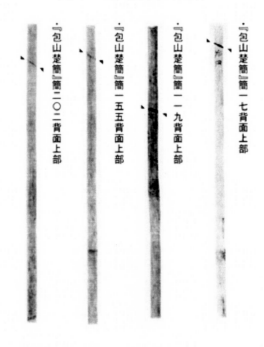

〔註7〕包山楚簡的照片引自《包山楚簡》（文物出版社，1991年），上博楚簡的照片則引自《上海博物館藏戰國楚竹書》（6、8）（上海古籍出版社，2007年、2011年）。

圖 5　上博楚簡的墨線

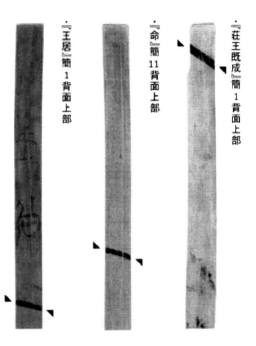

　　不過，筆者於 2012 年 8 月訪問上海博物館之際，在與博物館研究員葛亮氏的面談中獲知，《上海博館藏戰國楚簡》第八分冊收錄的《志書乃言》、《王居》、《命》三篇中，其竹簡背面具有橫貫數枚竹簡的墨線。〔註8〕《志書乃言》、《王居》、《命》三篇中，現在能夠確認的竹簡背面記有墨線的，僅有《命》的簡 11。假使如葛氏之言，該《命》的簡 11 的墨線與左右竹簡的墨線相連，並橫貫數枚竹簡，則此類墨線可以理解爲表示竹簡的排序。

　　不過，因葛氏所言資料並未公開，所以竹簡背面的墨線到底僅記在一枚竹簡背後，還是橫貫數枚竹簡尚屬未詳。

　　假使，葛氏所言有據可查，在竹簡背面的照片全部公開的清華簡《楚居》中，明顯未有與簡 6 墨線相連的墨線一點則顯示了，在某個文獻中竹簡背面的墨線並非一定與左右竹簡相連，而是僅單獨記於一枚竹簡，並無法成爲解釋竹簡排序的證據。對於包山楚簡及其他的上博楚簡中背面記有墨線的竹簡，其墨線是均與左右竹簡相連，還是僅記於一枚竹簡，尚且不明，但如《楚

────────────

〔註8〕　關於當時的調查情況，參看《中國研究集刊》第 55 號（2012 年年 12 月）所收中國出土文獻研究會的〈中國新出土簡牘學術調查報告——上海・武漢・長沙——」。

居》簡 6 一般，包山楚簡以及其他上博楚簡中也存在有未橫貫數枚竹簡墨線的可能性極大。

　　如《楚居》簡 6 的墨線一般，未與其他竹簡相連而僅記於一枚竹簡背面的墨線，到底是哪個階段所劃，又具有何等意義？如此單獨的墨線，或劃於各個竹簡製成之後而未進行書寫及編綴之時，或是在完成書寫及竹簡的編綴成為冊書之後，其兩種可能性都有。因現在尚未得到充足的資料，此點尚且未詳。假使是劃在書寫及編綴竹簡成為冊書之後，則也可認為是對冊書整體附加的記號。私見認為，如後所述劃線恐劃於竹簡尚未進行書寫及編綴之時，因此墨線也同樣，劃於未進行書寫及編綴之時的可能性極高。

第三節　劃　線

　　以下，將對《楚居》竹簡背面的劃線進行探討。

　　如上所述，已如孫氏所指出的，《楚居》簡 2～簡 6 的背面存在劃線。而且，竹簡正面並非從右向左，而是從左向右以簡 2→簡 3→簡 4→簡 5→簡 6 的順序排列時，其背面特別是簡 3～簡 6 的劃線明顯相連。因此孫氏指出，《楚居》的竹簡正面可能為從左至右排列。

　　就以上一點筆者認為，從結論而言的確有孫氏所指出的可能性，但也完全具有並非如此的可能性。就《楚居》而言不如認為，以劃線的連貫為根據來排列竹簡是有問題的。詳情如後所述，以劃線為根據來復原竹簡的排序也存在不妥之處，因為在綴合竹簡形成冊書之際，該冊書未必僅限於劃線相連的形式。

　　在此想特別注意的是，《楚居》的簡 2～6 以外的竹簡。如前所述，孫氏認為該簡 2～6 以外的竹簡，雖隱約可見劃線，但在照片中尚不能肯定，就未加特別探討。但私見認為，在《清華大學藏戰國竹簡（壹）》中所收照片中，簡 7、簡 8、簡 9 也明顯存在劃線。而且，簡 7、簡 8、簡 9 三枚竹簡的劃線，竹簡背面從左至右按簡 8→簡 9→簡 7 的順序排列時，劃線似為連貫。

　　原釋文中，本來將竹簡正面的文字按照簡 7→簡 8→簡 9 的順序釋讀，該點孫氏觀點也相同。如按孫氏所指出的，《楚居》的竹簡，其正面從左至右，按簡 7→簡 8→簡 9 的順序排列時，竹簡的背面從左至右，則為簡 9→簡 8→簡 7 的順序排列。此時，簡 9、簡 8、簡 7 背面的劃線不連貫。竹簡背面從左

至右，只有按照簡8→簡9→簡7的順序排列時，竹簡背面的劃線才可連貫。
（圖6、7）

圖6　《楚居》簡9→簡8→簡7　　圖7　《楚居》簡8→簡9→簡7
　　　背面　　　　　　　　　　　　　　背面

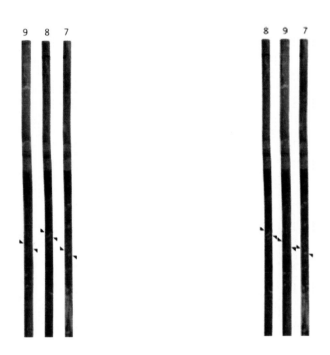

　　假如此處竹簡的排序，爲竹簡背面的劃線連貫的形式，而且如孫氏所言
《楚居》竹簡正面從左至右排列，則《楚居》的簡7、簡8、簡9表面的文字，
就不得不按簡7→簡9→簡8的順序來讀。即簡8的文字與簡9的文字，就有
必要調換先後順序。

　　以竹簡背面的劃線連貫爲線索，修正原釋文竹簡排序的例子，有清華簡
（一）中所收的《程寤》。《程寤》原釋文中，爲簡5→簡6→簡7→簡8的竹
簡排序，但復旦大學出土文獻與古文字研究中心研究生讀書會著眼於孫氏所
指出的竹簡背面的劃線問題，提出了簡5→簡7→簡6→簡8的觀點，更換了
簡6與簡7的順序。〔註9〕也可以說正是通過該論文，竹簡背面的劃線問題才

〔註9〕參看注2所示復旦大學出土文獻與古文字研究中心研究生讀書會的〈清華簡
　　　　《程寤》簡序調整一則〉。

受到矚目。（圖8）

圖8　《程寤》中竹簡背面的狀況與排序的修正

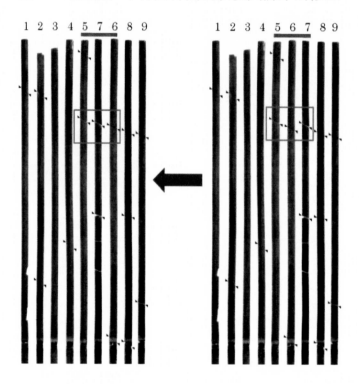

　　那麼，《楚居》中是否也應該如《程寤》一般按照竹簡背面劃線的連貫性來排列竹簡，將竹簡正面的文字按照簡7→簡9→簡8的順序來讀？或者還是如原釋文的竹簡排序，即按照劃線不連貫的形式排列竹簡，以簡7→簡8→簡9的順序來讀？

　　從結論而言，筆者認為應該如原釋文，以竹簡背面劃線不連貫的形式，按簡7→簡8→簡9的順序排列竹簡進行釋讀比較妥當。

　　按原釋文的簡7→簡8→簡9釋讀時，該部分記載的楚王的世系，從武王以後為「武王（簡7）→文王（簡8）→囏（莊敖）（簡9）→成王（簡9）」。這也與《史記》楚世家所記述的楚王系譜一致。可以推測，在制定原釋文之際，正是因為與傳世文獻中的記述有關，成為了決定竹簡排序的重要根據。

　　當然，《楚居》與《史記》楚世家之間，在記述楚王的系譜時存在若干相異點。有關此點，已有淺野裕一氏在〈清華簡『楚居』初探〉中予以指出。

〔註10〕即楚世家中楚的世系始於黃帝，但《楚居》中則並無從黃帝至陸終的系譜，而是始於陸終的第六子季連，以及楚世家中霄敖→蚡冒的順序在《楚居》中則反爲蚡冒→霄敖等，兩文獻中楚王的世系存在相異點。

不過，從全體上來看，兩文獻中記載的楚王世系基本一致。淺野氏在對比兩文獻後也指出「雖可見到若干齟齬，但從結果來看兩者所記世系基本一致」，認爲「此點也證明了司馬遷使用了可靠性極高的史料來記述了楚世家」。

假使按照竹簡背面的劃線連貫的形式排列竹簡，《楚居》的文字按簡 7→簡 9→簡 8 的順序釋讀，側武王以後的楚王的系譜爲，「武王（簡 7）→嚻（莊敖）（簡 9）→成王（簡 9）→文王（簡 8）」，文王即位的順序與《史記》楚世家不同。

當然，《楚居》與《史記》楚世家本來所依據的資料相異，楚王的系譜存在不同的可能性就無法一概否認。而且，如前所述，《楚居》簡 8 爲無殘缺的整簡，簡 7、簡 9 均爲下部殘缺，據推測在其殘缺部分上原本記有四字左右。假使按簡 7→簡 9→簡 8 的順序釋讀，簡 7 的文字與簡 9 的文字之間，以及簡 9 的文字與簡 8 的文字之間，各存在有四字左右，所以根據其殘缺部分的文字，簡 7→簡 9→簡 8 的形式進行釋讀也似有成立的餘地。

但是，如按照簡 7→簡 9→簡 8 的順序釋讀時，文王即位的順序與《史記》楚世家不同，在《史記》與《楚居》中楚王的世系上存在極大的差異，這在《楚居》的釋讀上可以說是一個極爲嚴重的問題。

私見認爲，按照與《史記》楚世家所記世系不一致的形式來理解楚王的系譜，現在除了劃線的連貫以外別無其他理由。因此，若要按此種形式理解還需慎重考慮。《楚居》的簡 7、簡 8、簡 9 的文字並非以簡 7→簡 9→簡 8 的順序，而是與《史記》楚世家的楚王的世系一致並與原釋文同樣，以簡 7→簡 8→簡 9 的順序釋讀才比較妥當。

而且如果原冊書中竹簡的排列是以如此順序，則不得不認爲此三簡背面的劃線在冊書背面並不連貫。這也意味著以劃線爲根據來復原竹簡排序的有效性是有限的。

即《程寤》的簡 5、簡 6、簡 7、簡 8，以竹簡背面的劃線相連爲根據重

新排列竹簡的確比較妥當，但是，《楚居》竹簡背面的連貫劃線既有與竹簡的排序一致的部分（簡3～6），同時也並存有與竹簡的排序不一致的部分（簡7～9）。此種現象正顯示了，僅以劃線為根據對竹簡的排序進行復原也有不妥的一面，也不應當認為劃線即為復原竹簡排序的決定性手段。竹簡背面的劃線的連貫性與竹簡排序的關係，必須分別對待各個文獻、各個部分，從多方面進行慎重探討。

如果以劃線為根據來復原竹簡排序的有效性是有限的，那麼，如孫氏所言，《楚居》的竹簡正面從左向右排列的可能性雖也可考慮，但也可認為未必一定如此。即竹簡正面的排序，無論是從右向左，或是從左向右，竹簡背面的劃線均存在不連貫的部分，並無法否定竹簡正面的排序具有從右向左排列的可能性。

第四節　劃線與書寫、編聯的先後關係

那麼，《楚居》的劃線，是在哪個階段所劃，又具有怎樣的意義？有關此點，尚需慎重探討，但至少於《楚居》而言，很難認為是在竹簡的文字書寫以及竹簡的編聯進行完畢後的冊書狀態下，才在其背面劃上劃線。《楚居》竹簡背面的劃線，應當是在表面文字的書寫及編聯尚未進行的階段所劃才較為自然。

有關此點需要注意的是，竹節痕跡的數目及位置，與劃線的連貫性有關一點。私見認為，清華簡的某個同一文獻中在使用竹節的痕跡數目及位置相異的竹簡時，在竹節痕跡數目及位置相異的竹簡上無法確認存在有連貫劃線的現象。

如前所述，在《楚居》中，使用了竹簡背面上部與下部具有兩處竹節的竹簡（簡1～14），以及竹簡背面僅中央一處具有竹節的竹簡（簡15、16）等兩類竹簡。且《楚居》中存在劃線的竹簡本來較少，在竹簡背面僅中央一處存在竹節的竹簡（簡15、16）上並未見有劃線。因此，以下將以《清華大學藏戰國楚簡（貳）》（中西書局，2011年12月）所收的《繫年》第22章、第23章為例來看一下。

《繫年》的竹簡背面，均記有表示排序的號碼即「排序編號」，而且大部分竹簡背面記有劃線，如以「排序編號」對竹簡進行排列，則竹簡上的劃線

與位於前後竹簡的劃線基本連貫。而且，在《繫年》中，有恰好在原釋文分章處，變爲竹節位置相異的竹簡，也有如第 23 章、第 24 章，在章的中途變爲竹節位置不同的竹簡。

　　觀察按照「排序編號」排列竹簡的《繫年》第 22 章、第 23 章的竹簡背面，可見從第 22 章第 3 簡（簡 121）到第 23 章第 9 簡（簡 134）具有連貫劃線，但與其次的第 23 章第 10 簡（簡 135）的劃線並不相連，而且該第 23 章第 10 簡（簡 135）的劃線，與其次的第 23 章第 11 簡（簡 136）到第 13 簡（簡 138）的連續劃線也不相連。（圖 9）

　　此時，從第 22 章第 3 簡（簡 121）到第 23 章第 9 簡（簡 134）具有連貫劃線的竹簡，與前方第 22 章第 1 簡、第 2 簡的竹簡，如圖 9 所示竹節痕跡的位置相異。而且，與後方第 23 章第 10 簡（簡 135）以後的竹簡，竹節痕跡的位置也相異。即，連貫的劃線，並未橫跨竹節的痕跡位置相異的竹簡。如此現象，在《尹至》、《耆夜》、《楚居》以及《繫年》中也可確認，顯示了竹節痕跡的數目以及位置，與劃線的連貫性之間是有關的。

　　考慮劃線的大致時期，則在書寫及編聯之前或之後均有可能。但就竹節痕跡而言，竹節當然是在書寫及編聯進行之前就存在於竹簡背面的。劃線未橫貫在竹節位置及數目相異的竹簡上，竹節與劃線之間具有密切的關係一點，說明了認爲劃線也與竹節痕跡同樣，在書寫及編聯之前既已存在的觀點是妥當的。

　　可以對其旁證的，是竹簡正面文字所具有的內容上的一致性，與竹簡背面劃線的一致性不相對應一點。

　　觀察《繫年》正面的文字，在各章末尾的竹簡上，文字段落的最後記有墨鉤，從墨鉤到竹簡下端爲留白。〔註 11〕如此章末的墨鉤及留白，明確顯示了，在書寫竹簡正面的文字之際，書寫者強烈意識到了各章內容的一致性。

〔註11〕但第 22 章的文字後無墨鉤。

圖9　《繫年》第22章、第23章竹簡背面情況

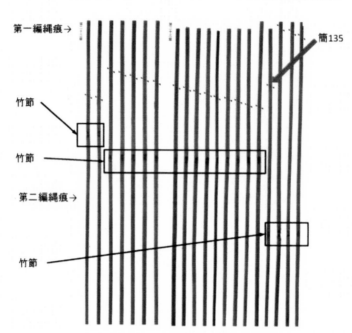

從《繫年》第 22 章、第 23 章的背面可以明確得知，竹簡正面的文字具有內容上的一致性，與從竹節的位置上的一致性不相對應，因此也與劃線相連竹簡的一致性不相對應。即使從此點來看，認爲在竹簡表面文字的書寫及編聯完成之後再劃上劃線的觀點也是極不自然的。竹簡背面所劃劃線，還是應當理解爲在表面文字的書寫及編聯尚未進行的階段比較妥當。〔註12〕

〔註12〕　在本稿即將脫稿前入手的何晉氏的〈「淺議簡冊制度中之「序連」——以出土戰國秦漢簡爲例」〉（《中國簡牘學國際論壇 2012：秦簡牘研究論文集》所收）中，就北京大學藏西漢竹書的《老子》，對於韓魏氏所指出的，劃線是在從竹筒製作爲竹簡的階段之前已經劃在竹筒上的觀點（參看《北京大學藏西漢竹書》〔貳〕〔上海古籍出版社，2012 年 12 月〕所收錄的韓魏〈西漢竹書《老子》簡背劃痕的初步分析〉），認爲即使並非爲同一竹筒所製竹簡，劃線也有相連，並舉出清華簡〔一〕《耆夜》の簡 10～12 的例證。即該三簡，從竹節的位置上可區分爲簡 10 與簡 11、簡 12 兩類，且簡 10 爲斜向斷裂，從簡 11、12 的劃線的斜度及方向來看，簡 10 應看作是沿該竹簡劃線的形式斷裂，因此認爲該三簡中應具有連貫的劃線。但如下圖所示，的確在《耆夜》簡 11、12 存在有連貫的劃線，但簡 10 的斷裂並非發生在劃線處，因此筆者認爲第 10~12 簡的三簡具有連貫劃線的看法有誤。必須注意的是，《耆夜》簡 11 實際也存在斷裂，且該斷裂並非在劃線處，而是在其稍微靠上的部分。該點正顯示了將簡 10 的斷裂看作是發生在劃線處的看法欠妥，說明了簡 10 及簡 11 的斷裂原

結　語

　　關於劃線及墨線，現在筆者最關心的，是北京大學於 2010 年所收藏的秦簡牘。根據《文物》2012 年第六期刊登的〈北京大學藏秦簡牘概述〉介紹，該北京大學的秦簡牘中，含有背面具有「斜度不一定的刻劃痕迹」的竹簡，以及背面具有「數道交叉墨線」的木簡，並說該「劃痕」及「墨線」乃是作爲了復原編聯的參考。而且，從《文物》所刊登的照片來看，該北京大學秦簡上編繩似保留原始狀態。即冊書的保存狀態極爲良好。

　　若是如此，則竹簡正面的文字方向，以及竹簡背面的劃線、墨線在冊書上的實際情況，從該秦簡上均可極爲明確地把握。期待北京大學秦簡的相關信息能夠早日公開。

本與劃線並無直接關係。另外，清華簡〔二〕的《繫年》中，全部竹簡的背面各有一處刮削竹節的痕跡，並且在該處記有「排序編號」，從竹節痕跡的位置上，《繫年》的竹簡可分爲簡 1～44、45～69、70～95、96～120、121～134、135～138 六種類型，且無法確認在竹節位置改變處橫跨有連貫劃線的現象。簡 69 與簡 70 的接續兩簡之間竹節位置不同，且兩簡均在相近位置劃有劃線，難以看作是在竹節位置變化處橫跨連貫的劃線。即使在《清華大學藏戰國竹簡（參）》（中西書局，2012 年 12 月）中所收各文獻中，依筆者所見，也無法確認在竹節位置變化處橫跨有連貫劃線的現象。私見認爲，橫貫竹節位置變化處的劃線並非連續所劃，按照竹節位置及數目的竹簡的分類，與劃線的連貫性之間具有極爲緊密的關係來看，竹簡背面劃線，應當理解爲是劃於表面文字書寫及編聯尚未進行的階段才較爲妥當。

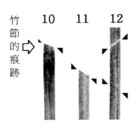

竹節的痕跡　10　11　12

第十一章　劃線小考
——以北京簡《老子》與清華簡《繫年》爲中心

序　言

　　自孫沛陽氏從北京大學 2009 年收藏的前漢竹簡（以下，北京簡）的複數竹簡背面發現連貫的「劃線」或稱「劃痕」的線（以下，劃線）之後，該劃線即被認爲極有可能成爲復原竹簡排序的重要線索而引起了極大的關注。〔註1〕有關北京簡《老子》的劃線，其後韓巍氏在孫沛陽氏觀點的基礎上又發表了〈西漢竹書《老子》簡背劃痕初步分析〉（《北京大學藏西漢竹簡（貳）》）〔上海古籍出版社，2012 年〕，指出北京簡《老子》的劃線並非是在完成後的竹簡上所劃，而是在作爲竹簡原材料的竹筒階段以螺旋狀方式所

〔註1〕　有關孫氏的觀點，參閱「簡冊背劃線初探」（《出土文獻與古文字研究》第 4輯〔復旦大學出土文獻與古文字研究中心編，2011 年〕所收）。另外，有關北京簡簡背的「劃痕」，韓巍氏在論文中認爲，「所有竹簡的上的劃痕都細如髮絲，且十分平直，可見是用非常鋒利的金屬銳器刻劃」。就清華簡簡背的細線，李均明、趙桂芳兩氏的論文「清華簡文本復原——以《清華大學藏戰國竹簡》第一、第二輯爲例」中，稱爲「簡背刻劃斜線」。但筆者並未親見北京簡、清華簡的背面，僅從清華簡的照片來看，還無法判別簡背的細線是否爲刻劃之物。因此，在本稿中，北京簡的「劃痕」以及從清華簡照片可見的簡背的細線，總稱爲「劃線」。戰國時期竹簡的背面，有時還有粗於「劃線」的以筆畫的線，爲有別於「劃線」，將此類稱爲「墨線」。參看拙稿「清華簡『楚居』の劃線・墨線と竹簡の配列」（《中國研究集刊》第 56 号，2013 年）

刻劃。〔註2〕

對此，何晉氏在 2012 年 11 月 17 日～19 日由武漢大學簡帛研究中心與北京大學出土文獻研究所共通舉辦的《中國簡帛學國際論壇 2012 秦簡牘研究》會議論文集所收論文〈浅議簡冊制度中的「序連」——以出土戰國秦漢簡爲例〉中，認爲韓巍氏的觀點能夠很好地說明北京簡《老子》中的劃線情況，但也認爲，如果從其他具有劃線的資料來看，北京簡《老子》當爲特殊事例，因此無法對其觀點予以支持。

因此在小論中，將從何晉氏對韓巍氏觀點的批判出發，以北京簡《老子》的劃線與《清華大學藏戰國竹簡（貳）》（中西書局，2011 年）所收的《繫年》（以下，《繫年》）的劃線爲中心對劃線進行重新探討。

圖1　北大簡《老子》上經第 1 劃線的竹簡群

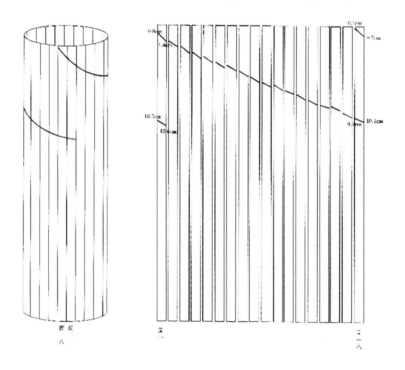

〔註2〕 初出爲 2012 年 10 月 27、28 日在北京大學中國古代史研究中心與北京大學出土文獻研究所共同舉辦的「『簡牘與早期中國』學術研討會暨第一屆出土文獻青年學者論壇」會議論文集。

－136－

第一節 北京簡《老子》的劃線

本章先來確認韓巍氏對劃線的觀點。

如前所述韓巍氏認爲，北京簡《老子》的劃線並非是在完成後的竹簡上所劃，而是在竹簡的原材料竹筒的階段以螺旋狀方式所劃。該觀點的根據，是在北京簡《老子》的竹簡中，含標記有 2 根大致平行劃線的竹簡。標記有 2 根劃線的竹簡，在 221 枚中可確認 19 枚，各竹簡 2 根劃線的位置均爲，1 根在竹簡頂端附近，另 1 根在其下方靠近竹簡的中部。〔註3〕

例如，北京簡《老子》上經的簡 1 至簡 18，如圖 1 右側所示，簡 1 與簡 18 爲 2 根劃線，簡 2 至簡 17 則爲 1 根劃線。〔註4〕簡 1 上方的劃線與簡 2 至簡 17 的劃線，以及簡 2 至簡 17 的劃線與簡 18 下方的劃線均相連接。

值得注意的是，簡 18 上方的劃線與簡 1 上方劃線相連，同時簡 18 下方劃線也與簡 1 下方劃線相連一點。如圖 1 左側，如從簡 1 到簡 18 原本即爲圓環狀，則簡 18 及簡 1 的 2 根劃線各自相連的狀況即可得以說明，韓巍氏著眼於此，從該劃線的情況判斷，劃線是在製簡之前的竹筒上刻劃的。也即，如圖 1 右側，劃線從竹筒上簡 18 的竹簡上端處起，按螺旋狀下旋一周，至簡 18 及簡 1 竹簡的中部附近結束，其後劈破竹筒製爲 18 枚竹簡，就成爲了簡 1 及簡 18 具有 2 根劃線，而簡 2 至簡 17 各有 1 根劃線的形式。

韓巍氏將北京簡《老子》的劃線與竹簡的製作過程相關連，認爲刻劃有連貫劃線的一組竹簡（以下，竹簡群）構成的圓環，原本爲同一竹筒。依此觀點，將北京簡《老子》的劃線狀況加以總結後就構成了以下的表 1 及表 2。該表，是基於韓巍氏論文中所示之表，筆者又補加「劃線的連貫性」一欄而成。在各竹簡群的「劃線的連貫性」一欄，從劃線位置離竹簡上端最近的竹簡開始，沿劃線的連貫性排列簡號。對於具有 2 根劃線的竹簡，波浪線部分表示上方劃線，雙重線部分表示下方劃線。如後所述的復原竹簡排序後的首簡，則以□圈住簡號。另外，對連貫簡號的中間部分一部分有所省略。沒有劃線的簡 84 與簡 187，從韓巍氏之表，附以「（　）」。

〔註3〕 簡 84、簡 187 等 2 枚竹簡沒有劃線，其他竹簡均各有 1 根劃線。北京簡《老子》簡背劃線情況，參閱《北京大學藏西漢竹簡（貳）》所收的「簡背劃痕示意圖」。另外北京簡《老子》上經第 2 劃線的竹簡群中的簡 32，雖無劃線，但發生斷裂。韓巍氏認爲該斷裂是以沿劃線的形式發生，但與後述的清華簡《耆夜》簡 10 的斷裂相同，斷裂並非以沿劃線的形式發生的可能性也完全可以考慮。

〔註4〕 圖一左右均引自韓巍氏論文。

表 1　北京簡《老子》上經劃線一覽

《老子》上經			
劃　線	簡　號	簡　數	劃　線　的　連　貫　性
1	1－18	18	18-1-2-3-4-（中略）-15-16-17-18-1
2	19－34	16	34-19-20-21-22-（中略）-30-31-32-33-34
3	35－53	19	53-35-36-37-38-（中略）-50-51-52-53-35
4	54－70	17	69-70-54-55-56-（中略）-66-67-68-69-70
5	71－86	16	86-71-72-73-74-（中略）-83-（84）-85-86-71
6	87－100	14	100-87-88-89-90-（中略）-95-96-97-98-99
7	101－117	17	116-117-101-102-103-（中略）-112-113-114-115-116
8	118－123	6	118-119-120-121-122-123

表 2　北京簡《老子》下經劃線一覽

《老子》下經			
劃　線	簡　號	簡　數	劃　線　的　連　貫　性
1	124－141	18	124-125-126-127-128-（中略）-138-139-140-141-124
2	142－157	16	157-142-143-144-145-（中略）-154-155-156-157-142
3	158－174	17	158-159-160-161-162-（中略）-170-171-172-173-174
4	175－188	14	188-175-176-177-178-（中略）-185-186-（187）-188-175
5	189－204	16	189-190-191-192-193-（中略）-202-203-204-189-190
6	205－221	17	221-205-206-207-208-（中略）-217-218-219-220-221

　　在北京簡《老子》上經第 6 劃線及下經第 3 劃線的竹簡群中，不含具有 2
根劃線的竹簡，結合此點，韓巍氏認爲上經 8 組及下經 6 組共計 14 組的竹簡
群，均各由同一竹筒所製。

　　另外，各竹簡群中，僅有《老子》上經第 8 劃線的竹簡群，竹簡數量較
少爲 6 枚。關於此點韓巍氏認爲，從同一竹筒製作的竹簡除此 6 枚以外應還
有存在，這些簡或用在他處，或遭到廢棄，只有該竹簡群裡，從同一竹筒製
作的竹簡不完整。

　　值得注意的是，在竹簡群中因劃線位置離竹簡頂端最近，而被認爲是竹
筒劃線開始處的竹簡，復原後的排序未必就排在首簡，而是多位於第二簡或

第三簡。〔註5〕例如，在上述上經第 1 劃線的竹簡群中，劃線位置離竹簡頂端最近為簡 18，但復原竹簡排序後的首簡為簡 1，而並非簡 18。但下經中的第 1 劃線，在竹簡群中的劃線位置離竹簡頂端最近及竹簡排序復原後位於首簡的，均為簡 124。

有關此點，韓巍氏認為，對圓柱狀竹筒所製的竹簡，從何處開始擺放完全可以是任意行為，但「製簡工匠」有意識地從劃線的接近竹簡頂端處開始擺放竹簡，盡量保持了劃線的連貫性。

在下章中，將對批判韓巍氏該觀點的何晉氏的觀點進行確認。

第二節　何晉氏的觀點

對於韓巍氏的觀點，何晉氏作了如下論述。

> 這一推論雖然能很好地解釋漢簡《老子》背劃線的現象，但我對此持懷疑態度，因為從更多其他的背劃線資料看，並不支持這一推論。首先從簡數上看，漢簡《老子》一組完整的背劃線劃過的 16 至 19 支簡也許能正好湊成一個竹筒，但《妄稽》簡每組背劃線卻祇劃過 9 支左右，而《老子》簡與《妄稽》簡的簡寬是一樣的，所以《妄稽》簡每組 9 支只能組成半個竹筒；此外清華戰國簡（貳）中一組背劃線是 25 支簡左右，而嶽麓秦簡（壹）中《三十四年質日》、《三十五年質日》中的一組背劃線有多達 33、35 支的，它們則不可能由一個竹筒製成。其次從竹節位置看，清華戰國簡（壹）中《耆夜》篇簡一○與一一、一二的竹節位置完全不同，但三簡的背劃線卻能連貫一致，這說明背劃線不是在同一個竹筒上完成的，而是在破筒製簡後將許多簡排鋪在平面上刻劃的。另外，一些木簡也發現有背劃線，這就更與螺旋劃簡的方式無關了。如果我們不承認背劃錢在製作方式上具有普遍性和軌范性，那麼也可以把上述方式視為《老子》背劃線製作的特殊方式。

另外，對該清華簡《耆夜》的劃線，何晉氏還作了如下注記。

〔註5〕　韓巍氏認為，一般的劃線靠近竹簡上端的較粗、較深。而靠近竹簡中部的較細、較淺。說明劃線是從靠近竹簡上端開始刻劃的。參閱「西漢竹書《老子》簡背劃痕初步分析」。

其中簡一〇沒有明顯的背劃線，但有與簡一一、一二背劃線斜度、
方向一樣的整齊斷口，我認爲這個斷口就是背劃線劃過的地方。

另外，何晉氏還指出，木簡也存在劃線，而木簡的劃線，則當然與螺旋
式刻劃的方式無關。

以上就是何晉氏對韓巍氏觀點的批判。

北京簡《老子》的簡背狀況，現在僅公佈了整理者的繪圖，因而無法從
照片上加以確認。但如果北京簡《老子》的劃線情況確如前章所述的話，則
筆者認爲，韓巍氏以劃有 2 根背劃線的竹簡爲線索，推斷劃線當爲製簡之前
的竹筒階段以螺旋狀劃出的觀點可能性極大。

那麼，是否眞如何晉氏所言，從其他具有劃線的資料來看，北京簡《老
子》當作爲特殊事例？

私見認爲，北京簡《老子》的劃線與《繫年》的劃線之間具有共同點，《繫
年》的劃線也應當是在竹筒階段以螺旋狀方式標記的。在下章中，就來探討
一下《繫年》的劃線。

第三節 《繫年》的劃線

關於《繫年》的劃線，已有李均明、趙桂芳兩氏在論文《清華簡文本復
原——以〈清華大學藏戰國竹簡〉第一、第二輯爲例》（《出土文獻》第 3 輯，
2012 年）中指出了以下的 7 根劃線。

第 1 簡 1～簡 22（第 1 章～第 4 章）

第 2 簡 23～簡 44（第 5 章～第 7 章）

第 3 簡 45～簡 70（第 8 章～第 14 章一部分）

第 4 簡 71～簡 95（第 14 章一部分～第 17 章）

第 5 簡 96～簡 120（第 18 章大部分～第 22 章開始的 2 簡）

第 6 簡 121～簡 134（第 22 章大部分～第 23 章）

第 7 簡 135～簡 138（第 23 章最後 4 簡）

但是，在前述的何晉氏的論文《淺議簡冊制度中的「序連」——以出土
戰國秦漢簡爲例》中，認爲《繫年》的劃線爲：

第 1 簡 1～簡 25

第 2 簡 26～簡 44

第 3 簡 45～簡 69

第 4 簡 70～簡 95

第 5 簡 96～簡 120

第 6 簡 121～簡 134

第 7 簡 135～簡 138

通過對《清華大學藏戰國竹簡（貳）》所收圖版進行探討的結果，筆者認爲李均明、趙桂芳兩氏的觀點有一些問題。何晉氏對劃線的把握，筆者雖基本贊同，但其中一部分還是存在一些問題。

特別是，如李均明、趙桂芳兩氏的論文圖表所示，《繫年》中 1 枚竹簡的劃線均爲 1 根。〔註6〕《繫年》的竹簡中，的確大部分僅有 1 根簡背劃線，但其中也存在有 2 根劃線的竹簡。

有關此點，何晉氏則認爲，簡 45、簡 96、簡 97 等 3 枚存在 2 根劃線。但實際上《繫年》中存在 2 根劃線的竹簡不止此 3 枚，應爲簡 1、45、70、71、96、97 等共計 6 枚。

基本上在《繫年》中，可以認爲何晉氏所指出的 7 根劃線具有很好的連貫性。仔細觀察該劃線的連貫性，則需要注意以下一點。

首先，《繫年》簡 63、64 未見劃線。但兩簡均有殘缺部分，結合前後竹簡的劃線來看，在兩簡殘缺部分上刻有劃線的可能性極高。

而且，《繫年》的簡 8、簡 60 也未發現劃線。但僅就《清華大學藏戰國竹簡（貳）》的圖版判斷，兩簡與其他竹簡相比變形變色較爲嚴重。從同書所收兩簡的正面圖版使用了紅外線照片上，也可推測是因爲兩簡存在嚴重變形。雖然僅爲推測，但兩簡上未發現劃線，完全有可能是因爲竹簡發生變形，而劃線本身則原本存在。

並且，關於《繫年》簡 8，何晉氏認爲，簡背竹節的痕跡位置與前後竹簡相異，明顯爲後來插入的。但如果考慮到簡 8 的變形，特別是簡長縮小的話，其竹節位置應視爲與前後竹簡相同。

另外，簡 44 的劃線，與簡 26 至簡 43 的第 2 劃線，以及簡 45 至簡 69 的

〔註6〕　其他如李均明、趙桂芳兩氏認爲簡 69 的劃線與簡 70 的劃線相連一點也有問題。與其認爲簡 69 右側爲簡 70，不如認爲如後所述的在同一竹筒上簡 69 右側爲簡 45，這樣劃線的連貫性更自然一些。而且，從後述的竹節痕跡位置與劃線的關係來看，簡 45 至簡 69 的竹簡群與簡 70 至簡 95 的竹簡群中，竹節刮削痕跡位置不同，因此，簡 69 難以看作與簡 70 屬於同一竹簡群。

第 3 劃線均不連貫。劃線在此呈現極大的錯位，可認爲是《繫年》中劃線缺乏連貫性的例外部分。

該部分劃線缺乏連貫性的理由，今後尚有必要愼重探討，但作爲一種可能性，也可認爲是在書寫與編聯階段竹簡發生誤寫及破損，於是使用了其他竹筒製成的竹簡。〔註7〕

但是，如後所述從竹節的痕跡位置判斷，因簡 44 與簡 26 至簡 43 的位置及數量相同，也有可能並非是其他竹筒所製竹簡。僅從圖版來看，簡 44 的劃線位置也有可能是位於簡 37 與簡 38 之間，如此，也可考慮到是在書寫及編聯階段產生的排列錯誤。〔註8〕

加之，《繫年》末尾的簡 135 至簡 138 等 4 簡，與《老子》上經第 8 劃線的竹簡群同樣，均爲同一竹筒所製而枚數不完整的竹簡，而《繫年》的簡 135，從竹簡頂端至約五分之一簡長處的下方有 1 根劃線。因簡 135 的該劃線與前後的簡 134、簡 136 不相連貫，何晉氏認爲不僅簡 44，此處劃線也產生了較大的錯位。

但是從照片可明顯看到，該竹簡從竹簡頂端至第 1 編線部分殘缺。而從何晉氏的論文中所示竹簡與劃線的圖表中也可得知，何晉氏對該簡 135 的殘缺完全未予以考慮。從簡 136 以後的竹簡背面劃線狀況來判斷的話，簡 135 極有可能原本存在與簡 136 以後的簡背劃線相連貫的劃線。果眞如此，則簡 135 便是有 2 根劃線的竹簡之一。

如上所述，在《繫年》中僅有簡 44 例外，欠缺劃線的連貫性，而其他部分則保持了各劃線的連貫性，可認爲該 7 根劃線整體上的連貫性極佳。

其次，來看一下有 2 根劃線的竹簡。如前所述簡 135 也似爲具有兩根劃線的竹簡之一，但因《繫年》簡 135 至簡 138 等 4 簡位於文獻末尾，爲不完整的竹簡群，所以在此不作爲探討對象。

《繫年》簡 1、45、70、71、96、97 的 2 根劃線，其中 1 根位於竹簡頂端附近，另 1 根在其下方，位於竹簡中部附近。因此，《繫年》與北京簡《老子》，首先在部分竹簡具有 2 根劃線一點上，以及 2 根劃線中上方 1 根靠近竹

〔註7〕 如北京簡《老子》上經第 8 劃線的竹簡群，未用在不完整的竹簡群中的竹簡，有可能用在該部分。

〔註8〕 觀察《繫年》簡 31 至簡 44（第 6 章、第 7 章）竹簡原寸大竹簡的照片，竹簡下端未位置有若干偏差，此處竹簡似發生縮小。因此，即使簡 44 與簡 26 至簡 43 爲同一竹筒所製，要精確判斷其本來位置也較爲困難。

簡頂端，下方 1 根靠近竹簡中央一點上均頗爲相似。

從結論而言，可以認爲韓巍氏的觀點也適合《繫年》的劃線，《繫年》的簡背劃線也與北京簡《老子》相同，是在製作竹簡之前的竹筒階段以螺旋狀標記的，《繫年》中的具有連貫劃線的各竹簡群，也是各由同一竹筒所製。

有關此點，已有韓巍氏在論文注〔六〕中也論述道，「據清華大學出土文獻保護與研究中心沈建華先生介紹，清華簡《繫年》的簡背劃痕應該是刻劃在竹筒上的（孫沛陽在與筆者交流時也提出同樣地意見）」，而且在同注〔一〇〕中也引用了「清華簡《繫年》的劃痕很可能也是先刻劃在竹筒上的」孫沛陽氏的觀點。但並未觸及有關《繫年》劃線的具體情況。因此，以下將具體來看一下。

與探討北京簡《老子》之際的表相同，以下表 3，是《繫年》7 根劃線狀況的一個總結。另外，上述的簡 44、以及簡 8、簡 60、簡 135 在表中付以「（　）」。

表 3　《繫年》劃線一覽

《繫年》			
劃　線	簡　號	簡　數	劃　線　的　連　貫　性
1	1－25	25	1-2-3-4-5-（中略）-22-23-24-25-1
2	26－44	18	26-27-28-29-30-（中略）-40-41-42-43-（44）
3	45－69	25	45-46-47-48-49-（中略）-66-67-68-69-45
4	70－95	26	70-71-72-73-74-（中略）-93-94-95-70-71
5	96－120	25	96-97-98-99-100-（中略）-118-119-120-96-97
6	121－134	14	121-122-123-124-125-（中略）-130-131-132-133-134
7	135－138	4	（135）-136-137-138

以下，將以存在 2 根劃線的簡 1、45、70、96、97 等 6 枚竹簡爲中心，來看各個劃線的連貫性，首先來看簡 1，簡 1 上方的劃線與簡 2 以後的劃線連貫，而且簡 25 的劃線與簡 1 下方的劃線也連貫。簡 25 的劃線與簡 26 的劃線，錯位較大，難以看作相互連貫。

簡 45 上方劃線與簡 46 以下的劃線相互連貫，而且簡 69 的劃線與簡 45 下方的劃線也有很好的連貫性。另外，簡 45 下方的劃線，與簡 44 位置較遠，則難以看作相互連貫。

簡 70、簡 71 上方劃線與下方劃線各自相互連貫。簡 70、簡 71 上方劃線與簡 72 以下劃線也有很好的連貫性。而且，簡 95 的劃線與簡 70、簡 71 下方劃線也相互連貫。但簡 95 的劃線，則與簡 96 的劃線位置不一，難以看作是相互連貫劃線。

簡 96、簡 97 上方劃線與下方劃線相互連貫。而且，簡 120 的劃線與簡 96、97 下方劃線也相互連貫。但簡 120 的劃線，則與簡 121 的劃線位置不一，難以看作是連貫劃線。

綜上所述可以認為，有 2 根劃線的為簡 1、45、70、71、96、97。具有相互連貫劃線的各竹簡群原本為圓環狀，顯示了各竹簡群正是從同一竹筒所製，各劃線是在製作竹簡之前，在竹筒上以螺旋狀標記的。第 2、6、7 劃線的竹簡群中，雖不含有 2 根劃線的竹簡，但從其他竹簡群的狀況判斷，可以認為其也是各自從同一竹筒製作而來。

另外，各竹簡群中簡背竹節痕跡的數量及位置均相同一點，也可以作為《繫年》具有連貫劃線的竹簡群，乃是各自從同一竹筒製作而來的一個旁證。眾所周知，清華簡的簡背，可見刮削竹節的痕跡。而《繫年》中各竹簡的竹節痕跡均為一處，從其位置的不同，可將其所用竹簡分為 6 類。

值得注目的一點是，《繫年》中有連貫劃線的各個竹簡群中，從竹節痕跡來看只使用了同一種竹簡，從竹節痕跡判斷，未見混有有不同種類的竹簡。可以認為，這也顯示了有連貫劃線的各竹簡群是從同一竹筒製成的可能性極大。

不過，從《繫年》第 1 劃線竹簡群與第 2 劃線竹簡群中各竹簡的竹節位置幾乎相同一點上也可以得知，並非所有竹節位置及數目相同的竹簡均從同一竹筒製成。但從竹節位置及數目上可知的竹簡種類的分類與劃線的連貫性之間，確實存在有極為緊密的關係。而且，假使《繫年》中具有連貫劃線的各竹簡群，並非從同一竹筒所製，而是混在有從不同竹筒製作而成的竹簡的話，為何會發生上述的 1 枚竹簡上標記 2 根劃線的現象一點，則必須重新加以整體上的說明。

在《繫年》中具有連貫劃線的各竹簡群中，並無混在竹節痕跡位置等不同的其他種類的竹筒，在清華簡中，從如後所述的竹節位置來看，連貫的劃線並無橫跨不同種類竹簡的現象。因此可以認為，《繫年》的 7 個竹簡群正是各自從同一竹筒製成的。

以上，本章中對《繫年》的劃線進行了探討，可以認爲《繫年》中的 7 根劃線，也與北京簡《老子》同樣，是在竹簡製作之前，在竹筒上以螺旋狀方式標記的。

另外，北京簡《老子》與《繫年》，在各個具有劃線的竹簡群中，在劃線開始處的竹簡與復原排序後的首簡是否一致一點上還有所不同。即如前所述，北京簡《老子》的劃線開始處竹簡，在復原排序後幾乎均不爲首簡。但《繫年》的劃線開始處竹簡，在復原排序後均爲首簡。對於兩文獻如此不同的意義，尚需愼重探討，但竹簡正面的文字原本就與竹簡背面的各劃線群並非一一對應。〔註9〕估計在書寫與編聯的階段排列竹簡時，大致上是從同一竹筒所製竹簡群中劃線靠簡頂端的竹簡開始順次排列，而劃線開始部分竹簡則不一定必須排在首位。

在下章中，將在以上論述的基礎上，重新對何晉氏的批判進行探討。

第四節　連貫劃線的一種方式

如上所述，何晉氏認爲韓巍氏的觀點能夠很好地說明北京簡《老子》的劃線狀況，但同時，也認爲北京簡《老子》的劃線狀況是特殊的事例。但北京簡《老子》的劃線狀況與《繫年》的劃線狀況極爲相似，兩文獻中的具有連貫劃線的各竹簡群，均是從同一竹筒所製而成，因此不應將北京簡《老子》視爲特殊事例。

除此兩文獻外，其實清華簡的《金縢》中，也存在背面有 2 根劃線的竹簡，清華簡《金縢》的 14 枚竹簡，也與北京簡《老子》、《繫年》中具有連貫劃線的各竹簡群同樣，也可以認爲是由同一根竹筒製作而來。

如圖 2 所示，《金縢》的簡 1 至簡 3 中，有靠近竹簡頂端

與其下方等兩處劃線。簡 1 至簡 3 的上方劃線，與其後的簡 4 至簡 14 的劃線大致相連。而且簡 4 至簡 14 的劃線，與簡 1 至簡 3 的下方劃線角度大致相同，從整體上可認爲是連貫的劃線。並且，如觀察竹簡背面刮削竹節的痕跡，則可知 14 枚竹簡的竹節痕跡即數目均爲相同。

〔註9〕竹簡正面文字與簡背各劃線群相對應一點，參看注 1 所示拙稿「清華簡『楚居』の劃線・墨線と竹簡の配列」。

圖 2　清華簡『金縢』的劃線

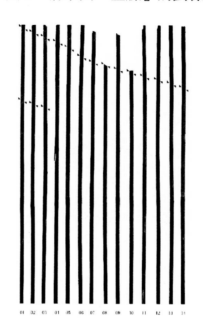

01　02　03　04　05　06　07　08　09　10　11　12　13　14

　　不過，簡 14 的劃線與簡 1 的劃線有若干錯位，如該竹簡群爲圓環狀的話，簡 14 與簡 1 之間似有必要補入 2 枚左右竹簡。該點與《金縢》的竹簡群、《繫年》末尾的第 7 劃線的竹簡群以及北京簡《老子》上經末尾的第 8 劃線的竹簡群同樣，爲同一竹筒製成的不完整竹簡，也許不足的 2 枚左右竹簡被廢棄，或被用於他處。

　　如上，可見北京簡《老子》、清華簡《繫年》及《金縢》的有連貫劃線的竹簡群中，在含有 2 根劃線簡一點具有共同性，有連貫劃線的竹簡群，均可認爲由同一竹筒製作。〔註 10〕

　　本來在執筆本稿的當時被公開的清華簡中，也有《保訓》及《祭公》、《芮良夫毖》等幾乎沒有竹簡劃線的文獻，而且還有僅一部分竹簡有劃線的文獻，北京簡《老子》、清華簡《繫年》、《金縢》等具有連貫劃線的文獻，在竹簡資料中僅爲一部分而已。如果從竹簡資料整體來看，必須說劃線的標記方式極

〔註 10〕　另外，清華簡第 3 分冊所收《赤鵠之集湯之屋》，未含有 2 根背劃線的竹簡，劃線在竹簡上部整體連貫，而且從其枚數爲 15 枚來看，從同一竹筒所製的可能性極高。《程寤》的劃線也同樣整體連貫，其竹簡也極有可能製作於同一竹筒。但《程寤》的簡數僅有 9 枚，與北京簡《老子》上經的第 8 劃線及《繫年》的第 7 劃線的竹簡群同樣，爲未完結之物。

爲複雜，難以認爲所有的劃線均以相同方式標記。〔註11〕

　　此點，結合迄今發現的戰國時期竹簡沒有統一形制一點來考慮，也並無相悖之處。例如僅從簡長一點，也可明確得知戰國時期竹簡的簡長並不統一。可以認爲，竹簡形制的如此多樣性，是與竹簡製作者的不同、地域的不同、時期的不同等多種因素有關。劃線亦然，與竹簡形制的多樣性同樣，正是竹簡製作者的不同、地域的不同、時期的不同等各種因素，形成了多種多樣的竹簡形式。

　　其中，筆者認爲，在北京簡《老子》、清華簡《繫年》、《金縢》等三文獻中，認識到具有在竹筒階段以螺旋狀方式標記連貫劃線一點，在對劃線全貌的理解上具有非常重要的意義。

　　不過，北京簡《老子》與《繫年》中，在各自具有連貫劃線的各竹簡群中所含竹簡數目相異。即除去爲同一竹筒所製但竹簡並不完整的北京簡《老子》上經第6劃線、以及《繫年》第7劃線等兩竹簡群，比起北京簡《老子》各竹簡群所含竹簡爲14－19枚，《繫年》各竹簡群爲14－26枚，《繫年》簡數稍多，而且簡數差異較大。而《金縢》具有連貫劃線的竹簡枚數爲14枚。

　　如上所述，何晉氏對如此兩者竹簡枚數的差異極爲重視。但竹簡枚數的差異本來也並無不自然之處，完全可認爲是由於用來製簡的竹筒的大小差異所導致的。反而如果假如《繫年》與《金縢》的具有連貫劃線的各竹簡群中，混有不同竹筒所製竹簡的話，對於北京簡《老子》等在內的三個文獻中，部分具有連貫劃線的竹簡中包含1枚竹簡上劃有2根劃線的竹簡，而且具有2根劃線的竹簡還與其他竹簡的劃線相互連接的現象，則必須加以重新說明。

　　對於具有連貫劃線的竹簡的枚數，何晉氏還指出北京簡《妄稽》中具有連貫劃線的竹簡群枚數爲9枚左右。因本稿執筆之際《妄稽》的竹簡照片還尚未公開，所以詳情不明，但從何晉氏「每組背劃線互不重合」的論述來看，《妄稽》似無1枚竹簡上標記2根劃線的現象。以下只是一個推測，《妄稽》具有連貫劃線的各個竹簡群，與北京簡《老子》上經第6劃線，以及《繫年》第7劃線等兩竹簡群（竹簡數各爲6枚、4枚）同樣，有可能屬於同一竹筒所製竹簡不齊全的不完整竹簡群。果眞如此，或爲北京簡《老子》、《繫年》、《金縢》三文獻所具有的共同方式的一種變化。

〔註11〕清華簡第3分冊所收的《祝辭》、《良臣》，在靠近竹簡的中部，有2根連貫劃線，1根劃線順右上方向，1根劃線順右下方向連接。很明顯，這是以與北京簡《老子》、清華簡《繫年》、《金縢》不同方式標記的連貫劃線。

何晉氏還指出，在嶽麓秦簡《三十四年質日》、《三十五年質日》中，1 根劃線橫跨 33、35 枚竹簡。嶽麓秦簡《三十四年質日》、《三十五年質日》等的劃線與北京簡《老子》、清華簡《繫年》、《金縢》的劃線的關係，今後尚有必要進行慎重的探討，就現階段而言，還是將兩者的劃線理解爲標記連貫劃線的方式不同比較妥當。〔註 12〕

另外，何晉氏還認爲，在清華簡《耆夜》中，竹節位置不同的簡 10、11、12 等 3 簡上，橫跨有連貫劃線，這顯示了是在裂開竹筒製作竹簡之後，將多數竹簡平鋪後刻劃，而並非是刻劃在竹筒上的。

有關此點，筆者認爲何晉氏對清華簡《耆夜》的事例理解有誤。即何晉氏認爲，簡 10 竹簡的斷裂，是沿著劃線發生的，但簡 11 竹簡發生斷裂處，其實與簡 11 的劃線並非一致，可見簡 10 竹簡的斷裂並非是沿著劃線發生的。

從迄今公開的第 1 至第 3 分冊的清華簡的照片來看，包含《繫年》在內的文獻中，由竹簡竹節的痕跡位置、數量可見，有不少使用了不同種類的竹簡。而且在不同種類竹簡的更換部分，並未發現橫跨有連貫的劃線。因此可以認爲，連貫的劃線與根據竹節痕跡判斷使用同類竹簡之間，具有非常緊密的關連。〔註 13〕

最後，何晉氏還指出木簡背後有時也有劃線。筆者也曾於 2012 年 8 月訪問長沙簡牘博物館，當時曾在整理室中聽原館長宋少華教授說過存在背面具有劃線的木簡及木牘，〔註 14〕可見木簡或木牘背面也確實有存在劃線的例子，但此類資料至今尚未公開，所以對此類資料的探討也只能等待將來的資料公開了。

〔註 12〕 孫沛陽認爲，嶽麓秦簡《質日》的劃線，均標記於竹簡製成以後。參閱注 1 所示「簡冊背劃線初探」。

〔註 13〕 參看注 1 所示拙稿「清華簡『楚居』の劃線・墨線と竹簡の配列」。另外，清華簡第 3 分冊的《說命中》中，有 1 例連貫劃線未橫跨竹節痕跡位置不同竹簡的例子。即在《說命中》的簡 1 至簡 4 的部分，從竹節位置來看，簡 1 與簡 3，簡 2 與簡 4 各爲同一種，而且簡 2 與簡 4 上未有劃線，可以認爲簡 1、簡 3 與簡 2、簡 4，各爲不同竹筒所製。可能是，在《說命中》的書寫及編聯階段，簡 1 與簡 3 連貫，其後本應使用簡 2、簡 4 時，不知何種理由誤將簡 3 先於簡 2 使用而引起的現象。

〔註 14〕 參看中國出土文獻研究會「中國新出簡牘學術調查報告——上海・武漢・長沙——」（《中國研究集刊》第 55 号，2012 年 12 月）。

結　語

　　小論從何晉氏對韓巍氏的批判出發對劃線進行了探討，論述了北京簡《老子》、清華簡《繫年》、《金縢》的竹簡上具有共同的螺旋狀的劃線標記方式。具有此類劃線的文獻中，北京簡《老子》的章的排列當初被認爲復原比較困難，但依照發現的劃線重新進行排列的結果，證明了其章的排列與現行本基本一致，由此可見，劃線完全可能在復原竹簡排序方面成爲重要的證據。

　　但從竹簡資料整體來看，劃線的標記方式極爲複雜，與北京簡《老子》、清華簡《繫年》、《金縢》的劃線標記方式相異的竹簡還多數存在，並非所有劃線均能成爲復原竹簡排序的證據。包括此點在內，揭開劃線的全貌將是今後的一個重要課題。

著作目錄

【專著】

1. 《懷德堂アーカイブ　懷德堂の歷史を読む》，與湯淺邦弘共同編著，大阪大學出版会，2005 年 3 月，全 60 頁。

2. 《市民大學の誕生——大坂學問所懷德堂の再興》，大阪大學出版会，2010 年 2 月，全 292 頁。

【學術論文】

1. 〈「先秦時代における氣」研究史〉，《中國研究集刊》第 3 号，1986 年 6 月，頁 58～61。

2. 〈鈴木朖の學問——『大學參解』を中心として——〉，《東洋文化》第 29 号，1986 年 11 月，頁 25～42。

3. 〈『國語』周語における氣〉，《中國研究集刊》第 8 号，1989 年 11 月，頁 1～9。

4. 〈荀子における天〉，《待兼山論叢》第 23 号，1989 年 12 月，頁 29～42。

5. 〈氣の思想の成立——『國語』における氣を中心に——〉，《新潟大學教育學部紀要（人文・社会科學編）》第 32 卷第 2 号，1991 年 3 月，頁 17 ～27。

6. 〈『左傳』における氣の思想——『國語』における氣の思想との比較を中心に——〉，《東アジア——歷史と文化——》第 2 号，1993 年 6 月，頁 16～34。

7. 〈兵家の氣の思想について——「孫氏の道」を中心に——〉，《集刊東洋學》第 72 号，1994 年 11 月，頁 1～18。

8. 〈『尉繚子』と類書——類書における引用について——〉，平成 6・7 年度科學研究費補助金研究成果報告書《類書の總合的研究》（研究代表者加地伸行），1996 年 3 月，頁 81～95。

9. 〈「氣」の原義と「氣」の思想の成立〉，《日本語學》第 15 卷第 7 号，1996 年 7 月，頁 20～28。

10. 〈銀雀山漢墓出土竹簡本『尉繚子』の成立時期〉，《國語教育論叢》第 6 号，1997 年 3 月，頁 187～199。

11. 〈『六韜』における氣の二元性〉，《中國研究集刊》第 20 号，1997 年 8 月，頁 20～46。

12. 〈懷德堂文庫所藏『論孟首章講義』について——デジタルコンテンツとしての位置づけ——〉，與湯淺邦弘、杉山一也、藤居岳人、井上了合撰，《中國研究集刊》第 27 号，2000 年 12 月，頁 45～66。

13. 〈墨家による氣の思想の受容〉，《中國研究集刊》第 29 号，2001 年 12 月，頁 65～79。

14. 〈『懷德堂紀年』とその成立過程〉，《中國研究集刊》第 32 号，2003 年 6 月，頁 10～33。湯淺邦弘編《懷德堂研究》（汲古書院，2007 年 11 月）收錄。

15. 〈郭店楚簡『性自命出』と上海博物館藏『性情論』との關係〉，《日本中國學会報》第 55 集，2003 年 10 月，頁 1～14。淺野裕一編《古代思想史と郭店楚簡》（汲古書院，2005 年 9 月）收錄。

16. 〈資料紹介　新田文庫本『懷德堂紀年』〉，《國語教育論叢》第 13 号，2003 年 12 月，頁 29～45。

17. 〈資料紹介　宮内庁書陵部藏『懷德堂紀年』〉，《懷德》第 72 号，2004 年 1 月，頁 32～43。

18. 〈戰國楚簡『容成氏』における身體障害者〉，《福祉文化》第 3 号，2004 年 2 月，頁 75～82。淺野裕一編《竹簡が語る古代中國思想——上博楚簡研究——》（汲古書院，2005 年 4 月）收錄。葉國良、鄭吉雄、徐富昌編《出土文獻研究方法論文集初集》（臺灣大學出版中心，2005 年 9 月）收錄。

19. 〈人間の本性は善か惡か〉，淺野裕一、湯淺邦弘編《諸子百家〈再發見〉——掘り起こされる古代中國思想——》岩波書店，2004 年 8 月，頁 113～146。

20. 〈上博楚簡『恆先』における氣の思想〉，《中國研究集刊》第 36 号，2004 年 12 月，頁 168～181。淺野裕一編《竹簡が語る古代中國思想——上博楚簡研究——》（汲古書院，2005 年 4 月收錄。

21. 〈第二次北山文庫「懷德堂年譜」について〉，《懷德堂センター報 2005》，

2005 年 2 月，頁 17〜29。湯淺邦弘編《懷德堂研究》（汲古書院，2007 年 11 月）收錄。

22. 〈郭店楚簡『性自命出』・上博楚簡『性情論』の性説〉，《國語教育論叢》第 14 号，2005 年 3 月，頁 127〜139。淺野裕一編《古代思想史と郭店楚簡》（汲古書院，2005 年 9 月）收錄。

23. 〈『曹沫之陳』における竹簡の綴合と契口〉，《東洋古典學研究》第 19 集，2005 年 5 月，頁 23〜29。湯淺邦弘編《上博楚簡研究》（汲古書院，2007 年 5 月）收錄。卜憲群、楊振紅主編《簡帛研究 2005》（広西師範大學出版会，2008 年 9 月）收錄。

24. 〈戰國楚簡研究と漢文教育——諸子百家の再発見——〉，《新しい漢字漢文教育》第 41 号，2005 年 11 月，頁 9〜17。

25. 〈上博楚簡『采風曲目』の竹簡の形制について——契口を中心に——〉，《中國學の十字路　加地伸行博士古稀記念論集》研文出版，2006 年 4 月，頁 71〜83。湯淺邦弘編《上博楚簡研究》（汲古書院，2007 年 5 月）收錄。丁四新主編《楚地簡帛思想研究（參）——「新出楚簡國際學術研討會」論文集》（湖北教育出版社，2007 年 4 月）收錄。

26. 〈『秋霧記』に記された『懷德堂紀年』の成立過程とその獻上〉，《國語教育論叢》第 16 号，2007 年 3 月，頁 27〜44。

27. 〈上博楚簡『慎子曰恭儉』の文獻的性格〉，《中國研究集刊》第 45 号，2007 年 12 月，頁 108〜120。

28. 〈資料紹介　懷德堂記念会藏「懷德堂記念会記録」〉，《國語教育論叢》第 17 号，2008 年 2 月，頁 35〜46。

29. 〈大阪人文会と懷德堂記念会——懷德堂記念会藏「經過報告第一」を中心に——〉，《中國研究集刊》第 46 号，2008 年 6 月，頁 19〜33。

30. 〈資料紹介　西村天囚「五井蘭洲」（大阪人文会第二次例会講演速記録）〉，《國語教育論叢》第 18 号，2009 年 2 月，頁 33〜55。

31. 〈『論語逢原』の記念出版と中井木菟麻呂〉，《中國研究集刊》第 50 号，2010 年 1 月，頁 320〜333。

32. 〈氣の思想〉，湯淺邦弘編《概説中國思想史》ミネルヴァ書房，2010 年 10 月，頁 212〜225。

33. 〈二つの『論語逢原』——懷德堂記念会と中井木菟麻呂——〉，《懷德》第 79 号，2011 年 1 月，頁 17〜31。

34. 〈清華簡『耆夜』の文獻的性格〉，《中國研究集刊》第 53 号，2011 年 6 月，頁 199〜212。

35. 〈重建懷德堂における朱子學〉，《國語教育論叢》第 21 号，2012 年 3 月，頁 145〜156。

36. 〈清華簡『楚居』の劃線・墨線と竹簡の配列〉,《中國研究集刊》第 56
  号,2013 年 6 月,頁 65～81。

37. 〈劃線小考——北京簡『老子』と清華簡『繫年』とを中心に——〉,《中
  國研究集刊》第 57 号,2013 年 12 月,頁 126～144。

38. 〈『懷德堂纂録』とその成立過程〉,《中國研究集刊》第 58 号,2014 年 6
  月,頁 15～32。

【學術翻譯】

1. 〈(翻訳)「北京大學出土文獻研究所工作簡報」総第一期〉,《中國研究集
  刊》第 52 号,2011 年 3 月,頁 79～91。

【書評】

1. 〈書評:出土資料を驅使した軍事思想史研究『中國古代軍事思想史の研
  究』〉,《東方》第 230 号,2000 年 4 月,頁 20～23。

跋

　　謹此對恩師淺野裕一教授、加地伸行教授的學恩，及「郭店楚簡研究會」的湯淺邦弘教授、福田哲之教授、菅本大二教授之學恩衷心表示感謝。

　　本書發行之際，承蒙國立台灣大學中國文學系主任李隆獻教授大力推薦，在出版業務方面獲得台灣大學博士生恩塚貴子女史各方面協助。另湯淺邦弘教授亦極力建議筆者將本書刊載於日本出土文獻研究之成果。

　　其所收錄中文論文均爲日語論文，譯者：白雨田（第一、三、十、十一章）、恩塚貴子（第二、五章）、盧彥男（第四、六章）、刁小龍（第七章）、陳秉珊・上野洋子（第八、九章）各氏。謹此對各位致上敬意。

　　筆者之所以能夠體認到今日國際性研究的重要性，完全要歸功於國立台灣大學哲學系的佐藤將之教授在 2003 年 12 月國立台灣大學哲學系舉辦的「日本漢學的中國哲學研究與郭店、上海竹簡資料國際學術交流會」中，賜予筆者首次發表研究報告之機會，當時的報告內容便是本書第四章。而能夠參與該次學會，正是由於佐藤教授全力斡旋之結果。

　　另外，筆者 2013 年間獲得台灣獎助金，以訪問學者之身分停留台灣大學哲學系，當時亦得到了國立台灣大學哲學系主任苑舉正教授和佐藤教授之鼎力支援。第十章〈清華簡『楚居』の劃線・墨線と竹簡の配列〉及第十一章〈劃線小考──北京簡『老子』と清華簡『繫年』とを中心に──〉，便是在台灣大學研究期間所完成之著述。於此深表謝忱。